I0022797

Dr. John Coleman

EL CLUB DE ROMA

EL NUEVO ORDEN MUNDIAL THINK TANK

John Coleman

John Coleman es un autor británico y antiguo miembro del Servicio Secreto de Inteligencia. Coleman ha realizado varios análisis del Club de Roma, la Fundación Giorgio Cini, el Forbes Global 2000, el Coloquio Interreligioso por la Paz, el Instituto Tavistock, la Nobleza Negra y otras organizaciones afines al tema del Nuevo Orden Mundial.

EL CLUB DE ROMA

EL NUEVO ORDEN MUNDIAL THINK TANK

THE CLUB OF ROME
The think tank of the New World Order

Traducido del inglés y publicado por Omnia Veritas Limited

www.omnia-veritas.com

El Club de Roma (COR) es el principal think tank del Nuevo Orden Mundial que era desconocido en América hasta que el Dr. Coleman lo expuso por primera vez en 1969 y lo publicó bajo el mismo título en 1970. Creada a instancias del Comité de los 300, su existencia fue negada hasta las celebraciones del aniversario de su fundación en Roma, 25 años después. El Comité de las Regiones desempeña un papel fundamental en todos los planes del gobierno estadounidense, tanto internos como externos. No tiene nada que ver con Roma, Italia o la Iglesia Católica.

CAPÍTULO 1

ECOS DE LA REVOLUCIÓN FRANCESA

Para empezar a entender los acontecimientos mundiales, es necesario que nos demos cuenta de que los numerosos acontecimientos trágicos y explosivos del siglo 20 no ocurrieron por sí solos, sino que fueron planificados según un patrón bien establecido. ¿Quiénes fueron los planificadores y creadores de estos grandes acontecimientos?

Los creadores de estas convulsiones, a menudo violentas y revolucionarias, pertenecen en su mayoría a sociedades secretas que infestan nuestro mundo, como siempre lo han hecho. La mayoría de las veces estas sociedades secretas se basan en el ocultismo y las prácticas iniciáticas, pero como todas las sociedades secretas que conforman los gobiernos secretos, están controladas por el Comité de los 300.[1] Los desinformados, que creen que el culto al diablo, los demonios y la brujería han desaparecido de la sociedad moderna, están mal informados. En la actualidad, las sociedades secretas basadas en el ocultismo, así como el luciferismo, la magia negra y el vudú, florecen y parecen estar mucho más extendidas de lo que se pensaba en un

[1] Cf, *La jerarquía de los conspiradores - Una historia del Comité de los 300*, Omnia Veritas Ltd, www.omnia-veritas.com

principio.

La tolerancia de estas sociedades secretas entre nosotros, muchos de cuyos líderes se hacen pasar por cristianos, junto con nuestra actitud permisiva hacia estas organizaciones y sus líderes, es la causa de nuestros problemas, nacionales e internacionales. Todos los problemas, todas las revoluciones y todas las guerras pueden atribuirse inevitablemente a una u otra o a una combinación de varias sociedades secretas. El secretismo apunta a un problema, ya que si las sociedades secretas trabajan por el bien del individuo y del Estado, ¿por qué la necesidad de un secreto tan profundo con el que se ocultan a sí mismas, sus organizaciones y sus acciones? Recuerdo que la práctica del vudú, atribuida al África negra, tiene en realidad su origen en Jethro, el etíope. Al igual que el vudú, la mayoría de las prácticas ocultas y las sociedades secretas que las acompañan son anticristianas, y no se disculpan por ello, aunque algunos miembros de la masonería intentan ocultar o disimular sus enseñanzas anticristianas.

Sin embargo, los masones son conscientes de que Cristo fue mucho más que un líder religioso. Los masones creen que Cristo vino a cambiar la faz del mundo y que se opuso a las sociedades secretas. Por eso tantas sociedades secretas ponen a sus adeptos en contra del cristianismo. Tan pronto como Cristo comenzó su ministerio, el gnosticismo surgió en oposición a los ideales perfectos del cristianismo. Cristo advirtió al mundo que no estamos luchando contra la carne y la sangre, sino contra las fuerzas de las tinieblas y la maldad espiritual en las alturas. Esto significa que el fondo de nuestra lucha contra el comunismo, el marxismo, el socialismo, el liberalismo y el gobierno mundial único es una lucha espiritual. Muéstrame una sociedad secreta y te mostraré una teocracia oculta que odia a Cristo. Cristo dijo:

"Conoce la verdad y la verdad te hará libre".

Nótese que Cristo utilizó el imperativo. Cristo se refería a las personas esclavizadas por las sociedades secretas -como lo son hoy-, por lo que las personas comunes y corrientes son despreciadas por los gobernantes de las teocracias ocultas, que no tienen ningún uso para ellos, excepto como siervos y esclavos.

A estos dirigentes les parece perfectamente normal matar a millones de personas que consideran "sobrantes". Esta malvada filosofía de "matar" se ha colado en el ejército estadounidense a través de hombres como Richard Cheney, Donald Rumsfeld, Richard Perle y Paul Wolfowitz. Es un concepto totalmente ajeno que no tiene cabida en una forma de gobierno republicana. Los líderes de las malvadas sociedades secretas amenazan toda nuestra civilización. Algunos de los cultos secretos que están muy activos en nuestros asuntos hoy en día son el gnosticismo, el culto a Dionisio y el tema de este libro, el culto al Club de Roma. Pero debo volver al punto de partida de este trabajo, que está en la historia moderna bajo el título de "La Revolución Francesa".

Los libros de historia modernos no enseñan que la llamada Revolución Francesa tiene sus raíces en Inglaterra, donde un demonista, William Petty, el conde de Shelburne, formó a los economistas de la Compañía Británica de las Indias Orientales (BEIC), Malthus y Adam Smith, así como a los asesinos en masa Danton y Marat. Después de pasar un tiempo con Shelburne en Inglaterra, Danton y Marat fueron llevados a París para ser desatados sobre un indefenso y desprevenido pueblo francés y la monarquía en una orgía de sed de sangre. Años más tarde, Lord Alfred Milner desataría a Lenin sobre una desprevenida Rusia cristiana en una copia casi al carbón de la Revolución Francesa.

La fuerza impulsora de la Revolución Francesa fue una sociedad secreta llamada los Illuminati, orquestada por la logia masónica Qator Coronati de Londres y la logia masónica Nueve Hermanas (Oriente) de París. Una breve historia de los Illuminati es esencial si queremos entender cómo se formó el Club de Roma. Los orígenes de los Illuminati no son unánimes, pero en general se acepta que los Illuminati se originaron a partir de los rosacruces, los llamados maestros de muchos secretos como la piedra filosofal, que los rosacruces afirman haber recibido de los antiguos caldeos, los magos y el sacerdocio egipcio.

Los rosacruces afirman que pueden proteger la vida humana mediante el uso de ciertos narcóticos y también afirman poder restaurar la juventud. También se les conoce como "los Inmortales" y enseñan que todos los misterios les han sido revelados. Al principio eran conocidos como los "Hermanos Invisibles" y más tarde como los "Hermanos de la Rosacruz". Una rama de los rosacruces se autodenomina "Rito de Swedenborg" o "Illuminati de Estocolmo". Fue fundada en 1881 por Emmanuel Swedenborg, un Maestro Masón, cuya firma aún aparece en la lista de miembros de la Logia de Lund, Suecia, donde nació Swedenborg. El Rito de Swedenborg no es más que una modificación de la Orden de los Illuminati de Abingdon, establecida en 1783. Entonces, como ahora, era la flor y nata de la realeza, la nobleza y la alta sociedad la que dirigía esta orden secreta. Pero la orden principal de los Illuminati fue fundada en Baviera el 1er de mayo de 1776 por un tal Adam Weishaupt, profesor de derecho canónico en la Universidad de Ingolstadt.

Weishaupt fue un producto de la educación jesuita, y los

Illuminati son muy similares a la Orden de la Cruz de Oro. Una vez más, el iluminismo está claramente vinculado a la masonería, la Orden de los Rosacruces, los Caballeros Templarios - o la Orden Francesa de los Grados Masónicos. Detrás de todas estas órdenes estaba Moses Mendelssohn, un estudiante de la Cábala, cuyo objetivo declarado era establecer un gobierno mundial único: el Nuevo Orden Mundial. La principal actividad de los Illuminati era, y sigue siendo, librar una guerra contra el cristianismo, una batalla que libran mediante acusaciones vergonzosas contra la vida y las enseñanzas de Cristo. Políticamente hablando, los Illuminati trabajan para derrocar el orden existente de todos los gobiernos, especialmente los que practican la religión cristiana. Sus miembros están comprometidos con la obediencia ciega a sus superiores y a sus planes secretos y revolucionarios para establecer el Nuevo Orden Mundial, que comenzó a funcionar con la Revolución Francesa.

Los planes de los Illuminati para destruir la monarquía cristiana de Francia fueron descubiertos cuando un mensajero Illuminati llamado Jacob Lang fue muerto por un rayo mientras montaba su caballo para entregar instrucciones revolucionarias a las logias bávaras. Posteriormente, los papeles de Lang cayeron en manos de las autoridades bávaras, y más tarde se descubrió también una caja de hierro llena de papeles con detalles del próximo complot contra Francia. El Iluminismo fue introducido en Francia por el Marqués de Mirabeau, y posteriormente adoptado por el Duque de Orleans, Gran Maestro de la Masonería del Gran Oriente en Francia. También se decidió incorporar al Iluminismo a Talleyrand, una de las figuras más notables de su tiempo. Uno de los actos de putridez que practican los adeptos a la Orden de los Illuminati es la castración. Janos Kadar, antiguo dictador de Hungría, anunció públicamente que sí se había sometido a este rito.

CAPÍTULO 2

CROWLEY, PIKE Y MAZZINI

Ni la masonería ni el iluminismo han muerto. Algunos en los círculos de inteligencia creen que ambos son más fuertes hoy que en la época de la Revolución Francesa.

La muerte de los líderes mundiales de los Iluministas/Masones, Guiseppe Mazzini y Albert Pike, no supuso ningún cambio en el crecimiento y la dirección de estas dos organizaciones.

Sin duda, algunos se sentirán ofendidos por mis referencias a la masonería. No pretendo ofender a los masones. Simplemente trato de presentar un relato preciso de cómo y por qué ocurren ciertos acontecimientos en el mundo.

Los masones estadounidenses afirman erróneamente que su masonería difiere de la europea. Permítanme corregir este error: los cabalistas rosacruces, Leon Templer y Jacob Leon, diseñaron conjuntamente la Gran Logia Inglesa de la Masonería, así como su emblema.

Existe un claro vínculo entre la masonería anglosajona y la masonería oculta europea del Gran Oriente. Digo "oculto" porque así lo llamó el gran general alemán Ludendorff. El vínculo entre la masonería rosacruz europea y la masonería americana siempre ha sido estrecho, y lo sigue siendo hoy.

Los tres principales ritos masónicos son:

- El Rito Escocés de la Masonería que tiene 33 grados.
- El Rito de Mizraim, o Rito Egipcio, con 96 grados.
- El Rito Oriental que es básicamente el que sigue la masonería europea.

John Harker, autor de *Grand Mystic Temple,* dijo:

> *Nosotros, los ingleses, nos hemos unido al Rito Escocés, nos hemos aliado con los Mizraim, y ahora con los Memphis. En el caso del primero, hemos establecido relaciones con varios grandes consejos supremos y revisado los estatutos de 1862 con preferencia a la falsa constitución de 1786, en el año 1884, en Mizraim, con los antiguos cuerpos de Nápoles y París, y en Memphis con América, Egipto, Rumania y varios cuerpos que trabajan en este Rito. También en estos tres Ritos hemos aceptado cartas extranjeras para confirmar nuestros poderes originales.*

Esto debería poner fin a la creencia errónea citada a menudo por los masones estadounidenses de que la masonería anglosajona no tiene nada que ver con la masonería europea. Después de todo, Harker debería haberlo sabido, ya que era el Gran Místico.

El 11 de noviembre de 1912, Harker fue elegido Gran Maestre Imperial, un grado superior al 96 del Rito de Mizraim. Tras su muerte en 1913, le sucedió Henry Mayer y luego Alistair Crowley, Gran Maestro Patriota de los grados 33, 90 y 96. Por lo tanto, está claro que los masones americanos son parte integrante de la masonería europea, lo sepan o no, y la verdad es que la mayoría no lo sabe. Crowley fue una de las figuras más bestias de la historia de las sociedades secretas; un hombre que iba a influir mucho en la política del Club de Roma (COR.).

Crowley era aficionado a citar a Malthus y Adam Smith, servidores de la Compañía Británica de las Indias Orientales (BEIC), ahora conocida como el Comité de los 300. Ambos desempeñaron un papel destacado en la campaña concertada del rey Jorge III para arruinar a los colonos americanos mediante la vía única del "libre comercio".

Malthus y Smith se han convertido en los "hijos predilectos" de la ROC. Es muy fácil ver el vínculo entre los planes del BEIC y las políticas actuales de la ROC, especialmente en las políticas de "crecimiento postindustrial cero" de la ROC, destinadas a acabar con el dominio industrial de Estados Unidos. La religión básica que sigue el Club de Roma es el gnosticismo y el culto a los bogomilos y cátaros. Los miembros de la monarquía británica son firmes creyentes de estas "religiones" y, en general, es correcto decir que los miembros de la familia real no son ciertamente cristianos. También es bastante fácil ver el vínculo con el "Comité de los 300".

Se dice que Crowley participó en más de 150 asesinatos rituales, una parte importante de la demonología oculta. La mayoría de las víctimas eran niños, asesinados con un cuchillo de plata. Estas prácticas bestiales continúan hasta hoy, lo que puede explicar el gran número de niños desaparecidos que nunca se encuentran. Crowley sigue siendo muy admirado por la jerarquía de la ROC, como lo fue por muchas de las principales figuras británicas en el caso del espionaje atómico. Anthony Blunt, el Guardián de la Reina del Arte[2] (un título muy alto) antes de ser expuesto como agente de la KGB, era un gran devoto de Crowley.

La conclusión es que la masonería, desde el grado de *Caballero Kadosh* hacia arriba, es una revuelta permanente contra el orden de cosas existente y está dedicada al derrocamiento del cristianismo y de la República de los Estados Unidos de América, al igual que la ROC. Mientras la masonería siga floreciendo entre nosotros, el caos y el malestar continuarán, ya que esa es la intención y el propósito de todas las sociedades secretas revolucionarias. El moderno Club de Roma no es más que una sucesión continua e ininterrumpida de sociedades secretas cuyo objetivo es la destrucción de la libertad, que se ha producido durante el período que ahora conocemos como la Edad Oscura. Por lo tanto, es seguro asumir que el ROC es un proyecto del Nuevo Orden Mundial - un gobierno mundial diseñado para facilitar una transición más rápida a la esclavitud universal conocida como la Nueva Edad Oscura, bajo el control del Comité de los 300.

---

[2] Guardián del Arte de la Reina, Ndt.

CAPÍTULO 3

¿QUÉ ES EL CLUB DE ROMA?

El propio nombre fue elegido para engañar a los incautos, ya que el Club de Roma no tiene nada que ver con el Vaticano ni con la Iglesia Católica. Mientras los malhechores trabajan día y noche, la América cristiana duerme. Cuando escribí la primera edición de este libro en 1970, sólo un puñado de personas del Servicio Secreto conocía la existencia de esta poderosísima sociedad secreta en manos del Comité de los 300.

El Club de Roma está compuesto por los miembros más antiguos de la llamada Nobleza Negra de Europa, descendientes de las antiguas familias que poseían, controlaban y gobernaban Génova y Venecia en el siglo 12. Se les llama "Nobleza Negra" por su uso de trucos sucios, asesinatos, terrorismo, comportamiento poco ético y adoración de Satanás - actos "negros". Nunca han dudado en utilizar la fuerza contra cualquiera que se atreva a interponerse en su camino, y esto no es menos cierto hoy que durante el período comprendido entre los años 13 y 18.

La Nobleza Negra veneciana está estrechamente vinculada al "German Marshall Fund", otro nombre -como el Club de Roma- elegido para engañar a los incautos. La Nobleza Negra veneciana está formada por las familias más ricas y antiguas de toda Europa, su riqueza supera con creces la de los Rockefeller, por ejemplo, y forman parte del Comité de los 300, el órgano de control más poderoso del mundo. Una de las dinastías más antiguas de la nobleza negra veneciana es la de los Güelfos. La reina Isabel II, por ejemplo, es una güelfa negra: su bisabuela Victoria descendía de esta familia. La nobleza negra y la realeza europea son miembros destacados del ROC, que tiene como objetivo la disolución de Estados Unidos como potencia industrial y agrícola. Sus otros objetivos no son tan visibles y son de naturaleza más compleja, por lo que comenzaré con los detalles de la conferencia especial del ROC y detallaré lo que se dijo y quién lo dijo.

Como muestra de su absoluto desprecio por la victoria de Ronald Reagan en las elecciones de noviembre de 1980, el grupo decidió reunirse en Washington, D.C. Según el acta de la reunión grabada en secreto por un oficial de inteligencia, el orden del día era cómo desmembrar mejor el corazón industrial de Estados Unidos y deshacerse de lo que un delegado llamó "la población sobrante". Esto se ajustaba al plan de Sir Bertrand Russell, expuesto abiertamente en su libro *The Impact of Science on Society.* Otros debates se centraron en los métodos para tomar el control de los asuntos internos de Estados Unidos. Como muchos de los delegados pertenecían a las antiguas familias de la alta burguesía negra o habían trabajado para ellas durante años, las tácticas de sedición y terror que se debatieron representaban un desafío directo al gobierno y al pueblo de Estados Unidos.

El problema era que el pueblo estadounidense no sabía nada de esta reunión de peligrosos sátrapas de la Nobleza Negra, y los chacales de los medios de comunicación no estaban preparados para iluminarlos sobre la intención y el propósito del cónclave. Fue uno de los secretos mejor guardados de todos los tiempos. La conferencia fue iniciada y financiada por el Fondo Marshall alemán, compuesto por el núcleo del grupo de planificación de Morgenthau de la Segunda Guerra Mundial, que a su vez está controlado por tres o cuatro miembros de la venerable Orden de San Juan de Jerusalén.

Esta organización estaba detrás del plan de desindustrialización de Alemania después de la guerra, para dividirla y convertir lo que quedaba del país en tierras de cultivo. El intento de erradicar por completo la nación alemana fue obra de Morgenthau, un sionista y un violento odiador de Alemania. El Fondo Marshall alemán obtuvo sus vastos recursos de las empresas del Comité de los 300 y de los banqueros internacionales de Wall Street y de la City de Londres, los mismos que financiaron la revolución bolchevique que estableció el mayor estado esclavista del mundo y que provocó la muerte atroz de millones de cristianos, como relató el famoso escritor Alexander Solzhenitsyn. El presidente del German Marshall Fund era David Rockefeller, que no ha sido ajeno a la financiación de grupos revolucionarios de todos los colores y rayas desde que él y su familia se hicieron ricos y famosos.

El orden del día de la conferencia del ROC incluía la mejor manera de revertir la presidencia de Reagan, que había sido una especie de sorpresa para los miembros del Club. El objetivo es bloquear la recuperación económica prometida por el entonces candidato Reagan. Para conseguirlo, se dijo a los delegados que había que radicalizar el Partido Demócrata. No existe el "Partido Democrático". No puede haber un Partido Demócrata en una República Confederada o en una República Constitucional, como lo son los Estados Unidos. Se sugirió que la mejor manera de socializar al presidente electo Reagan era expulsar a los miembros conservadores de su círculo íntimo y convertir a los demócratas en un poderoso partido socialista anticapitalista, en la línea del Manifiesto Comunista de 1848 (el impuesto sobre las plusvalías se aprobó en 1989, resultado directo de la planificación del ROC).

De hecho, desde 1980, el Partido Demócrata ha asumido el papel de partido socialista/comunista y debería llamarse "el Partido Socialista/Comunista de EEUU". Entre los presentes en la reunión de Washington de 1980 estaba Anthony Wedgewood Benn, líder de los socialistas británicos y principal estratega socialista fabiano. Benn habló de la tarea de elaborar un amplio plan de contingencia con este fin, al que añadió una propuesta de "guerra de clases" entre Reagan y el pueblo estadounidense. Un mes después de su primera reunión, los conspiradores del Club de Roma volvieron a Washington para celebrar una segunda conferencia. En la reunión se escuchó a un delegado que representaba a la llamada *Fundación Heritage*, un "think tank" con sede en Washington financiado por el magnate cervecero Joseph Coors.

Heritage actuó entonces como la agencia de reclutamiento de facto para la presidencia de Reagan, presentando una lista de 3.000 nombres de personas que consideraba adecuadas para los puestos clave de la administración Reagan. La mayoría de las recomendaciones de Heritage eran liberales de carrera y socialistas a la extrema izquierda de Marx.

En 1980, la Fundación Heritage estaba controlada entre bastidores por el archi-socialista fabiano, Sir Peter Vickers Hall, cuyos antecedentes estaban en el Grupo Milner (Milner, como se recordará, fue el instigador de la cruel guerra de genocidio, la guerra anglo-boer, librada para obtener el control del oro y los diamantes en Sudáfrica). Otros socialistas destacados presentes fueron el difunto Willy Brandt, uno de los principales contactos europeos del KGB, y el difunto Olaf Palme; François Mitterrand, entonces desempleado, pero que pronto volvería al poder en Francia gracias al Comité de los 300; Philip Agee, un ex funcionario renegado de la CIA; Bettino Craxi, un destacado socialista italiano; Michael Harrington, del Instituto de Estudios Sociales Democráticos de Washington, D. C. y un desconocido socialista español llamado Felipe González, que había hecho escala en La Habana para consultar con Castro antes de volar a Washington.

El CNR nombró a González como su encargado de misión para Nicaragua y El Salvador, y sería interesante saber cuán involucrado ha estado González en las guerras de Centroamérica y Latinoamérica, en las que Castro ha jugado un papel. Más de 2.000 delegados asistieron a esta increíble reunión, pero los medios de comunicación la ocultaron por completo. Es un tributo a mis conexiones de inteligencia que a los tres días de la reunión, en noviembre de 1980, estaba en posesión de la documentación completa sobre esta reunión impía de líderes socialistas. Los delegados de la ROC asistieron a lo que percibieron como la oración fúnebre de Estados Unidos, y entre los estadounidenses presentes -además de Agee y Harrington- se encontraban Jerry Rifkin, Gar Apelrovich, del Institute for Policies Studies (IPS), los principales socialistas del país,) Ron Dellums, de California, y Gloria Steinhem, organizadora de la contracultura Women's Lib/ERA derivada de los escritos de Madame Kollontei, la líder comunista que recorrió Estados Unidos en los años 20 y 30. Juntos, los delegados formaron un equipo lo más destructivo posible. Muchos de los principales delegados de la conferencia, además de Palme, Brandt y Benn, eran miembros de la Internacional Socialista que se reunían a diario con funcionarios del Departamento de Estado, como Cyrus Vance y Henry Kissinger.

Por si no lo saben, la Internacional Socialista es una organización especialmente peligrosa y subversiva, que apoya plenamente la legalización de las drogas y la pornografía como "herramientas de desestabilización", para utilizarlas contra Estados Unidos. Los detalles de las discusiones nunca se hicieron públicos, pero según los documentos que se me facilitaron, la ROC planeaba aislar a Estados Unidos, dejando abierto un único canal a los peores elementos del Departamento de Estado y del KGB. Se trata de una situación que huele a traición y sedición, por no hablar de los cargos de conspiración que deberían haberse presentado contra los que asistieron a las dos reuniones del ROC.

Al parecer, se dedicó un día entero a la mejor manera de aplicar el plan de Lord Russell para sofocar la industria y librar al mundo de más de 2.000 millones de "comedores inútiles". Se decidió redoblar los esfuerzos para detener la construcción de centrales nucleares y promover la política de crecimiento cero, en línea con las teorías económicas de Adam Smith y Malthus y los escritos de Russell (véase mi próximo libro, "Nuclear Power").

La Internacional Socialista (IS) lleva mucho tiempo defendiendo el desmantelamiento de las grandes ciudades y el traslado de la población a ciudades más pequeñas y manejables (es decir, más fáciles de controlar) y al campo.

El primer experimento de este tipo fue realizado por el

régimen de Pol Pot en Camboya, con el conocimiento de Thomas Enders, un alto funcionario del Departamento de Estado estadounidense.

CAPÍTULO 4

ENLACE AL GENOCIDIO MUNDIAL

El Club de Roma, al igual que la IS, es fuertemente antinacional y favorece la supresión del desarrollo científico en Estados Unidos, Gran Bretaña y Europa, y más recientemente en Japón. Se cree que el COR tenía algunos vínculos con organizaciones terroristas como las Brigadas Rojas.

La medida se aplicó a través del archi-socialista Bettino Craxi, antiguo dirigente de la ROC y hombre conocido por los servicios de inteligencia franceses y alemanes por haber tenido contactos con la banda Bader-Meinhoff, una conocida banda de matones que robaba bancos y secuestraba a personalidades públicas para pedir un rescate.

Fue Craxi quien trató repetidamente de romper la decisión del gobierno italiano de no negociar con las Brigadas Rojas la liberación del general estadounidense secuestrado Dozier.

Craxi era muy cercano a Richard Gardner, ejecutivo del Comité de los 300, y a Henry Kissinger. Gardner se casó con la familia Luccatti, una de las más poderosas de la nobleza negra veneciana, conocida desde hace siglos por sus habilidades para los trucos sucios y el terrorismo.

Ni Craxi ni el ex presidente francés, François Mitterrand, ocupaban cargos oficiales en 1980, pero como informé en varios números de *World in Review* (WIR) en 1971, Craxi estaba destinado a desempeñar un papel destacado en la política italiana, y Mitterrand iba a volver al poder en Francia, gracias al Club de Roma.

Estas predicciones y las de González han demostrado ser 100% exactas. El 5 de diciembre de 1980, la reunión de seguimiento de la reunión inicial del CDR en Washington D.C. aprobó y aceptó el *informe Global 2000 del* CDR, *un plan para el genocidio mundial.* Este informe aboga por la muerte de 2.000 millones de personas en 2010 (de ahí el título). Hay muchas pruebas que relacionan este plan con varios acontecimientos catastróficos en todo el mundo, como el reciente y desastroso terremoto de China.

La segunda conferencia también adoptó la política de eutanasia para deshacerse de la creciente población de ancianos, y los delegados adoptaron con entusiasmo el término de Russell, "comedores inútiles", como palabra clave para describir a millones de personas que, a ojos de la ROC, son "excedentes".

Hay quienes pueden considerar que la "despoblación" de negros, asiáticos y otras razas de color es una buena idea. "Ya hay demasiados indios (asiáticos), chinos y negros", me escribió un hombre, "así que ¿por qué estás en contra? ".

La verdad es que no son sólo estas razas las que están destinadas a ser sacrificadas; los trabajadores industriales "excedentes" de los Estados Unidos también son el objetivo del informe Global 2000. Un delegado tras otro en las dos reuniones del CDR expresó su confianza en su capacidad para promover con éxito sus planes.

Las celebraciones del vigésimo quinto aniversario, que tuvieron lugar en Alemania en diciembre de 1993, pretendían señalar lo que se había conseguido hasta entonces.

También fue una reivindicación personal para mí, porque cuando revelé por primera vez la existencia de la ROC en 1969, se burlaron de mí y se mofaron de mí. "Toda esta idea es un producto de tu salvaje imaginación", escribió un hombre. Otro dijo. "¿Dónde está la documentación de su informe sobre el Club de Roma? "La reunión de diciembre de 1980 fue tan importante que uno habría pensado que los medios de comunicación habrían hecho todo lo posible para conseguir una primicia. Pero no fue así. Los medios de comunicación mantuvieron el asunto en silencio, sin mencionarlo en la prensa general, en la radio o en la televisión. Esto se llama "libertad de prensa", al estilo americano. El pueblo estadounidense es el más mentiroso, cómplice y engañado del mundo. También somos el pueblo más censurado, en este caso, censura por omisión.

¿Qué querían los delegados? Michael Harrington explicó: "Willy Brandt quiere la agitación social en Europa", y debemos recordar que la actual agitación social en Alemania forma parte de ese plan. No es un accidente. No debemos pensar que la agitación social no llegará a Estados Unidos.

La ROC ha disfrutado de la cooperación del gobierno más socialista que ha tenido Estados Unidos, es decir, la administración Carter, que se dedica a la aplicación del Manifiesto Comunista de 1848, como hemos visto en la política exterior de Carter que se sentó en el fuego de la revolución en Sudáfrica, Filipinas, Irán, América Central y Corea del Sur. Los presidentes Clinton y G.W. Bush recogieron la antorcha, como vimos en Yugoslavia.

Polonia se vio desestabilizada por la destitución del presidente Gereck, organizada por Richard Gardner, antiguo embajador de Estados Unidos en Roma.

Uno de los principales resultados de la reunión del ROC fue la presión ejercida sobre el presidente Reagan para que mantuviera el servicio del representante del Banco de Pagos Internacionales en Estados Unidos, Paul Volcker, como jefe de los bancos ilegales de la Reserva Federal. La Reserva Federal no es una institución del gobierno de los Estados Unidos, bien descrita por Louis T. McFadden, que la llamó "la mayor estafa de la historia".

Fue Anthony Wedgewood-Benn, un prominente líder laborista en Gran Bretaña, quien insistió en mantener a Volcker, a pesar de las promesas de la campaña de Reagan de librar a Estados Unidos de la plaga de Volcker. Benn creía que Volcker era el mejor hombre para provocar la "guerra de clases" en Estados Unidos. Benn nombró a Rifkin para que ayudara a Volcker en este empeño, que según él "polarizaría a los estadounidenses". El ROC adopta un plan para desestabilizar la moneda mediante tipos de interés más altos y en constante fluctuación.

Querían deshacerse de Helmut Schmidt, entonces canciller de Alemania, porque había ayudado a estabilizar los tipos de interés internacionales. Sir Peter Vickers Hall pidió que se subieran los tipos de interés en Estados Unidos hasta el 20% como la mejor manera de frenar la inversión de capital en la industria. Volcker se cuidó de no aparecer en la reunión del ROC, pero se cree que fue informado por Hall, de la Heritage Foundation. Stuart Butler, director general de Heritage, dijo lo siguiente a los delegados del CDR:

> *Con la administración Reagan, tenemos un gobierno de derecha que impondrá ideas radicales de izquierda. No hay ninguna razón para que los comunistas, anarquistas, libertarios o sectas religiosas* (se refería al satanismo, el vudú, la magia negra, la brujería, etc.) *no puedan exponer sus filosofías.*

Butler sugirió que la vieja doctrina socialista de las "zonas de libre empresa" se impusiera a la administración Reagan. Hay zonas de libre empresa en lugares como Manila y Hong Kong, por no hablar de la China continental. Son literalmente "tiendas de esclavos".

Butler pidió la creación de zonas de libre empresa en las áreas donde las industrias habían sido arrancadas y destruidas. Butler preveía el cierre de acerías, de fábricas de máquinas-herramienta y de astilleros.

Las "industrias" por cuenta propia, tan comunes en Hong Kong, serían un medio de empleo adecuado para los desplazados de las ciudades despobladas, según el plan de crecimiento postindustrial cero.

CAPÍTULO 5

LOS HOMBRES SON COMO INSECTOS

Sabía que pocos lectores prestarían atención a esta advertencia, escrita en 1981, una promesa de bonanza durante la administración Reagan. Pero recuerda que nadie creyó en los documentos que se encontraron en el cuerpo de Lange, mensajero de los Illuminati. Las cabezas coronadas de Europa no estaban de humor para escuchar los "informes alarmistas" emitidos por el gobierno bávaro sobre los planes de los Illuminati para una revuelta sangrienta en Francia. A la gente no le gusta que se perturbe su serenidad. Como se ha señalado anteriormente, el ROC representa la estructura de mando de los Illuminati y de las 13 principales familias Illuminati en los Estados Unidos. Recordemos que el plan jacobino de la Revolución Francesa incluía el asesinato de millones de franceses "sobrantes", sobre todo de los cristianos celtas bretones que se llevaron la peor parte de esta salvajada. Teniendo esto en cuenta, la declaración de Mitterrand en la reunión del ROC de diciembre de 1980 no debe tomarse a la ligera:

> *El desarrollo industrial capitalista es el enemigo y lo contrario de la libertad.*

Mitterrand quería decir que el desarrollo industrial ha dado a la gente una vida mejor a través de la cooperación, es decir, el desarrollo industrial, y que cuando la gente tiene una vida mejor, se inclina a tener familias más numerosas. Por lo tanto, el desarrollo industrial capitalista es "el enemigo de la libertad", simplemente porque las grandes áreas de cooperación (desarrollo industrial) se inclinan a consumir más de sus recursos naturales (controlados por el Comité de los 300). Esta fue la lógica retorcida detrás de las políticas del Club de Roma.

En una reunión de seguimiento del CNR celebrada en París en marzo de 1982, Aurellio Peccei, fundador del Club, hizo la siguiente declaración

> *La gente es como los insectos. Proliferan demasiado... Ya es hora de someter a juicio el concepto de Estado-nación, que se interpone en el camino de la cultura mundial. El cristianismo enorgullece a los hombres; la sociedad mercantil, que sólo crea cultura muerta y música clásica, signos opresivos sobre el papel.*

Lo crean o no, mi artículo pretende ser una advertencia a los ciudadanos de Estados Unidos de que el equivalente a las turbas terroristas jacobinas se desatará sobre nuestra desprevenida nación a su debido tiempo. Se emplearán turbas de tipo jacobino para provocar cambios radicales en la forma de vivir en Estados Unidos, cambios que podrían durar hasta mil años.

La política de la ROC es tener *cada vez menos gente, consumir menos y exigir menos servicios, por todos los medios.* Se trata de una inversión completa de nuestra sociedad, en la que cada vez más personas exigen mejores bienes, servicios y estilo de vida, que es la esencia de una sociedad productiva bajo una forma de gobierno republicana. Significativamente, Peccei no dijo nada sobre la teocracia oculta que se disfraza de religión, pero no lo es, siendo un sistema político y económico diseñado para controlar la vida humana, hasta el último detalle, como vimos en la revolución bolchevique. Peccei y el Club de Roma son los sucesores de las revoluciones francesa y bolchevique, de los socialistas, de los Illuminati y de la miríada de sociedades secretas que pretenden convertir a Estados Unidos en un estado esclavista, al que llaman eufemísticamente democracia. Estados Unidos es una República Confederada o una República Constitucional. Nunca podrá ser una democracia, un régimen impuesto al pueblo por una élite oculta que tiene un largo historial de destrucción de sociedades libres.

Como dijeron nuestros padres fundadores, *todas las democracias puras de la historia han sido un fracaso total,* y no pretendían que Estados Unidos acabara siendo una democracia fracasada.

Los delegados del Club de Roma se comprometieron a impedir el despliegue de misiles nucleares estadounidenses en Europa, lo que vimos cumplido el 5 de diciembre de 1981. Cientos de "jacobinos" instigados por la ROC tomaron las calles de París y Hamburgo: se produjeron disturbios y disturbios civiles que duraron varios días y noches.

Nota: La acción de la mafia tuvo éxito en 1989. Como el francés Giscard d'Estaing era partidario de un paraguas nuclear para Europa, la ROC se deshizo de él y lo sustituyó por el socialista Mitterrand. Uno de los principales asesores de Mitterrand era Jacques Attali, un ocultista, que creía en el suicidio: *En una sociedad democrática, el derecho a suicidarse es el más fundamental de los derechos humanos.* Esto es coherente con la creencia de Peccei de que el hombre es una especie de accidente dentro de la creación y que la mayoría de los grupos de población del mundo no son necesarios y no deben tener en cuenta sus opiniones. Este es el tipo de teocracia oculta que floreció en Egipto, Judea y Siria y en muchas otras partes del mundo antiguo, en las que el culto a Dionisio desempeñaba un papel tan importante. En las reuniones del Club de Roma quedó muy claro que su principal objetivo y propósito era :

- retrasando el desarrollo industrial,
- ralentizar la investigación científica,
- despoblar las ciudades, especialmente las antiguas ciudades industrializadas de América del Norte,
- trasladar la población a las zonas rurales,
- reducir la población mundial en al menos 2.000 millones de personas,
- impedir la reorganización de las fuerzas políticas que se oponen a los planes de la ROC,
- desestabilizar a Estados Unidos mediante despidos masivos y pérdidas de empleo, así como guerras de clase y de raza,
- Destruir el espíritu empresarial individual mediante tipos de interés elevados e impuestos elevados sobre las ganancias de capital.

Ahora, para aquellos escépticos que encuentran mi informe "bizarro" y "descabellado", como se ha calificado este trabajo, echen un vistazo a la legislación que ha sido aprobada por la Cámara y el Senado desde que este grupo se reunió en noviembre y diciembre de 1980 y de nuevo el 5 de diciembre de 1981. El hecho de que los medios de comunicación hayan sometido a los estadounidenses a una intensa censura -ya sea por omisión o por comisión- no hace que este informe sea inexacto y fantasioso. Vale la pena recordar que cuando los conspiradores de la isla de Jekyll se reunieron para dar un golpe contra nuestro sistema monetario en Estados Unidos, que luego llamaron la Ley de la Reserva Federal, nadie se enteró: la prensa cubrió las huellas de los banqueros y la inocente nación estadounidense siguió como si nada malo estuviera sucediendo. El mismo conjunto de condiciones se aplica a la planificación del ROC.

El objetivo final de la labor legislativa de Florence Kelley era socializar a Estados Unidos, y comenzó a tomar forma con una velocidad aterradora durante los gobiernos de Franklin D. Roosevelt y James Earl Carter. Florence Kelly fue una notable socialista fabiana de la que Roosevelt buscó y recibió consejos que informaron muchas de sus decisiones políticas. Si miramos hacia atrás, vemos que vastas zonas de nuestro corazón industrial han sido destruidas, que 40 millones de trabajadores industriales están permanentemente despedidos y que las luchas raciales son un hecho cotidiano. También hay numerosos proyectos de ley socialistas que atentan directamente contra el futuro de este gran país, proyectos de ley agrícola diseñados para arrebatar a los agricultores estadounidenses sus tierras, proyectos de ley sobre "delincuencia" y proyectos de ley sobre "educación" que son 100% inconstitucionales.

No creas que nuestro gobierno dudará en llevar a cabo empresas socialistas en los Estados Unidos, y no necesitarán tropas extranjeras para llevar a cabo estos planes. Europa y Estados Unidos están siendo diezmados por las drogas, el sexo, la música rock y el hedonismo. Estamos perdiendo nuestro patrimonio cultural, tan despreciado por Aurellio Peccei. La jerarquía estadounidense ha sido la más problemática del mundo. Desde el final de la Segunda Guerra Mundial, hemos sido responsables de desestabilizar países y destruir su carácter e identidad nacional. Fíjese en Sudáfrica, Zimbabue (antes

Rodesia), Corea del Sur, Filipinas, Nicaragua, Panamá, Yugoslavia e Irak, por nombrar sólo algunos países que han sido traicionados por Estados Unidos.

CAPÍTULO 6

DECISIONES DE POLÍTICA EXTERIOR

Nosotros, el pueblo, estamos excluidos del gobierno; se nos ignora y nuestro destino está en manos de los acaparadores de armas y de los que no respetan la Constitución: abortistas, asesinos de bebés, acaparadores de poder socialistas y todo tipo de aprovechados modernos. El denominador común, que se encuentra fácilmente en todas las teocracias ocultas antiguas y modernas, es la sed de sangre.

Mirando la historia, vemos que las páginas de los libros de historia están manchadas con la sangre de los mártires del cristianismo, de los gobiernos representativos republicanos decentes. Estos holocaustos reales apenas se recuerdan, y mucho menos se conmemoran. El Club de Roma cuenta con una sección americana, que se fortalece cada año. Aquí está la lista de sus miembros:

- **William Whipsinger.** Asociación Internacional de Maquinistas
- **Sir Peter Vickers Hall.** El monitor de la Fundación **Heritage** entre bastidores

- **Stuart Butler.** Fundación del Patrimonio[3]
- **Steven Hessler.** Fundación del Patrimonio
- **Lane Kirkland.** *Director General de la AFL CIO*
- **Irwin** Suall. M16 y agente ADL
- **Roy Maras Cohn.** Ex asesor del difunto senador Joe McCarthy.
- **Henry Kissinger.** No hay necesidad de una introducción
- **Richard Falck.** Universidad de Princeton (elegida por el NRC para hacer la guerra a Sudáfrica, Irán y Corea del Sur)
- **Douglas Frazier.** Unión de Trabajadores del Automóvil
- **Max Fisher.** United Brands Fruit Company
- **Averell Harriman.** Anciano del partido demócrata, confidente socialista de la familia Rockefeller.
- **Jean Kirkpatrick.** Ex embajador de Estados Unidos ante la ONU.
- **Elmo Zumwalt.** Almirante, US Navy
- **Michael Novak.** Instituto Empresarial Americano
- **Cyrus Vance.** Ex Secretario de Estado
- **April Glaspie.** Ex embajador en Irak
- **Milton Friedman.** Economista
- **Paul Volcker.** Los bancos de la Reserva Federal
- **Gerald Ford.** El ex presidente
- **Charles Percy.** Ex senador de los Estados Unidos
- **Raymond Matthius.** Ex senador de los Estados Unidos
- **Michael Harrington.** Miembro de la Sociedad Fabiana
- **Samuel Huntington.** Jefe planificador de la

[3] Fundación Heritage, NDT.

destrucción de las naciones objetivo de la ROC
- **Claiborne Pell.** Senador de los Estados Unidos
- **Patrick Leahy.** Senador de los Estados Unidos

Esta no es en absoluto una lista completa de los miembros del ROC de la Sección de Estados Unidos. Pocas personas tienen la lista completa. El Club de Roma es un importante órgano de política exterior internacional del Comité de los 300.

Es el ejecutor y supervisor de las decisiones de política exterior del Comité. El NRC cuenta con el apoyo financiero del German Marshall Fund, que no tiene nada que ver con Alemania, un nombre elegido para crear una ilusión. Entre los miembros del German Marshall Fund se encuentran los siguientes:

- **Milton Katz.** Fundación Ford
- **David Rockefeller.** Chase Manhattan Bank
- **Russell Train.** Presidente del Fondo Mundial para la Naturaleza, Instituto Aspen
- **James A. Perkins.** Carnegie Corp, una rama del Carnegie Trust del Reino Unido y la Sociedad de Amigos (cuáqueros).
- **Paul G. Hoffman.** Diseñador, Plan Morgenthau, New York Life Insurance Co.
- **Irving Bluestone.** Consejo Ejecutivo de United Auto Workers
- **Elizabeth Midgeley.** Productor de la CBS
- **B.R. Gifford.** Fundación Russell Sage
- **Willy Brandt.** Ex presidente de la Internacional Socialista
- **Douglas Dillon.** Ex Secretario del Tesoro de los Estados Unidos.
- **John J. McCloy.** Universidad de Harvard,

Supervisor del Plan Morgenthau

- **Derek C. Bok.** Universidad de Harvard
- **John B. Cannon.** Universidad de Harvard

A continuación se presenta un breve resumen de los objetivos del German Marshall Fund, que patrocina las reuniones del NRC en Washington, D.C. Es un firme partidario de la implantación del socialismo en todo el mundo. Sus principales dirigentes proceden de la antigua nobleza negra y de la aristocracia europea. Sus objetivos políticos son introducir en el gobierno todas las peores características de la autocracia, la teocracia y la teocracia oculta.

La destrucción de la identidad nacional y la soberanía de las naciones es uno de sus principales objetivos. Hay literalmente cientos de sus agentes en los gobiernos de Estados Unidos a nivel local, estatal y federal.

Basta con mirar el historial de decenas de miembros de la Cámara para ver hasta qué punto el German Marshall Fund ha hecho avanzar el plan general de socialización de Estados Unidos. La gente me pregunta: "¿Por qué le molesta el socialismo? "

La respuesta es: porque el socialismo es el más peligroso de los "ismos" a los que se enfrenta la civilización occidental. De hecho, es un comunismo rastrero.

CAPÍTULO 7

¿QUÉ ES EL SOCIALISMO?

Como dijo una vez uno de los líderes del socialismo fabiano:

> *"El socialismo no es más que el camino hacia el comunismo y el comunismo no es más que el socialismo a toda prisa".*

El pueblo estadounidense no aceptará el comunismo puro y duro, por lo que es necesario alimentar a las masas desprevenidas con dosis de socialismo hasta que se complete el proceso de comunización.

En el caso de la NRC, utilizaron a socialistas empedernidos como el difunto Willy Brandt, ex presidente socialista alemán, y John J. McCloy, que eran miembros del santuario del Grupo Morgenthau.

Después de la Segunda Guerra Mundial, McCloy fue el "alto comisionado" de una Alemania derrotada y presionó mucho para convertirla en una nación pastoril no industrializada.

Para ello contó con la ayuda de Leslie Gelb y del Secretario de Estado de Jimmy Carter, Cyrus Vance, ambos socialistas profundamente comprometidos. Gelb y Vance trabajaron incansablemente para perjudicar a Estados Unidos durante las largas negociaciones del SALT.

El grupo interno dominante de la Comisión de Planificación de Morgenthau, que es miembro del Fondo de Mariscales de Alemania, está formado por las siguientes personas

- **Averell Harriman, Brown Bros, Harriman, banqueros de Wall Street.**

Harriman es el principal funcionario estadounidense encargado de los esfuerzos por incorporar a los soviéticos al gobierno mundial único, pero la oposición y la desconfianza de Stalin hacia el nuevo orden mundial dirigido por Estados Unidos sigue siendo fuerte y se niega.

- **Thomas L. Hughes**

Socio de Brown Bros. Harriman. Diseñador del plan Morgenthau.

- **Robert Abercrombie Lovett**

Socio de Brown Bros. Harriman y diseñador del plan Morgenthau.

- **Príncipe Bernhard de los Países Bajos**

Un ejecutivo de Royal Dutch Shell (una de las principales empresas del Comité de los 300 y fundador del Grupo Bilderberg).

- **Katherine Meyer Graham (ya fallecida)**

Decano de la prensa establecida, era miembro de la familia Meyer y amigo de Bernard Baruch y del presidente Wilson. Su padre supuestamente duplicó los bonos de la Primera Guerra Mundial y se quedó con los millones de dólares generados por los bonos falsos. Nunca fue procesado.

El marido de Graham murió en circunstancias muy sospechosas. Los servicios de inteligencia creen que fue asesinado y que su mujer tuvo algo que ver, pero nunca se ha demostrado nada. La familia Meyer controlaba el enorme banco de inversión Lazard Frères.

- **John J. McCloy**

Controlador de múltiples empresas del Comité de los 300 adscrito a la realeza europea al que sirve de asesor financiero.

- **Profesor Samuel Huntington**

Ferviente sionista-socialista que participó en la caída de la mayoría de los gobiernos de derechas a los que se dirigió el Comité de los 300 en la posguerra.

- **Joseph Rettinger**

El jesuita socialista responsable de reclutar a los miembros de Bilderberg y de presentarlos al grupo Harriman, trabajó en su día para Winston Churchill. Se cree que Rettinger fue el hombre que reclutó a Clinton como futuro líder socialista y luego lo entregó a Pamela Harriman para que lo preparara para un alto cargo. El plan de Rettinger era crear un estado jesuita centroeuropeo a partir de Polonia, Hungría y Austria, pero el plan de posguerra no fue aprobado por el Comité de los 300.

La mayor parte de la nobleza negra y de la realeza europea está emparentada por matrimonio con familias oligárquicas británicas que se remontan a Robert Bruce, fundador del Rito Escocés de la Masonería. Por ejemplo, Lovet. Es un miembro de la Unión Europea estrechamente aliado de McCloy.

Ambos eran amigos íntimos de las familias Auchincloss y Astor, muy vinculadas a la "nobleza" británica, holandesa, danesa y española. Los Radziwill y Zbignew Brzezinski, asesor de seguridad nacional de Carter, también trabajaron con este grupo. Todos son servidores del Comité de los 300. En la agrupación de Royal Dutch Shell estaba Sir Bazil Zaharoff, antiguo presidente de Vickers Arms Company, la empresa británica de fabricación de armas que ganó miles de millones suministrando municiones para la revolución bolchevique, la Primera Guerra Mundial y la Segunda Guerra Mundial. La familia de Sir Peter Vickers Hall, (el controlador entre bastidores de la Fundación Heritage en Washington D.C.), era la heredera de esta gran fortuna. Las personalidades que controlan la sección americana del NRC son las siguientes:

- Jean Kirkpatrick,
- Eugene Rostow,
- Irwin Suall,
- Michael Novack,
- Lane Kirkland,
- Albert Chaitkin,
- Jeremy Rifkin,
- Douglas Frazier,
- Marcus Raskin,
- William Kunsler.

Estos dignos representantes no necesitan presentación. Son líderes socialistas de gran importancia en la guerra por la socialización de los Estados Unidos. Los cooperadores en la lucha por derrocar la forma de gobierno republicana de la que gozan los Estados Unidos son los siguientes:

- Gar Apelrovich,
- Ben Watenburg,
- Irving Bluestone,
- Nat Weinberg,
- Sol Chaikan,
- Jay Lovestone,
- Mary Fine,
- Jacob Shankman,
- Ron Dellums,
- George McGovern,
- Richard Bonnett,
- Barry Commoner,
- Noam Chomsky,
- Robert Moss,
- David McReynolds,
- Frederik von Hayek,
- Sidney Hook,
- Seymour Martin Lipsit,
- Ralph Widner.

Las personas mencionadas estaban afiliadas a diversas organizaciones socialistas, como el Departamento de Asuntos Internacionales de la AFL-CIO, el Instituto de Estudios Contemporáneos de Cambridge, el Instituto de Estudios Políticos, el Sindicato de Trabajadores del Automóvil y el Sindicato Internacional de Trabajadoras de la Confección, estrechamente vinculado al socialismo fabiano.

Von Hayek está muy bien considerado por los conservadores como su economista de cabecera. Los senadores George McGovern y Ron Dellums han sido miembros del Congreso de los Estados Unidos.

Algunas de las publicaciones socialistas editadas por las personas mencionadas son:

- *The New Republic* - Richard Stuart y Morton Condrake
- *The Nation* - Nat Hentoff, Marcus Raskin, Norman Benorn, Richard Faulk, Andrew Kopkind
- *Disenso* - Irving Hall, Michael Harrington *Comentario*- Carl Girshman
- *El documento de trabajo para una nueva sociedad* - Marcus Raskin. Noam Chomsky, Gar Apelrovich, Andrew Kopkind, James Ridgway.
- *Consulta* -- Nat Hentoff
- *GANAR* - Noam Chomsky

Con tantos niveles en sus apretadas filas, podría ser útil pensar en el Club de Roma como un gigantesco grupo de reflexión socialista. La forma en que se creó el COR es muy interesante.

Cuando el Club de Roma necesitó coordinar algunos aspectos de su programa del Nuevo Orden Mundial, envió a Aurellio Peccei a Inglaterra para que se formara en el

Instituto Tavistock de Relaciones Humanas,[4] la madre de todas las instituciones de lavado de cerebro del mundo.

En ese momento, Peccei era el máximo ejecutivo de la Fiat Motor Company, un gigantesco multiconglomerado del Comité de los 300 a través de sus miembros de la nobleza negra, la aristocrática familia Agnelli, la misma que rechazó a Pamela Harriman como esposa de uno de los hijos de Agnelli.

Pamela llegó a casarse con Averell Harriman, un estadista de 300 años y experto en política exterior estadounidense, un verdadero "insider".

---

[4] Véase *The Tavistock Institute of Human Relations*, Omnia Veritas Ltd, www.omnia-veritas.com.

CAPÍTULO 8

LA OTAN Y EL CLUB DE ROMA

Tavistock estaba bajo la dirección y el control del general de división John Rawlings Reese, que contaba con la ayuda de Lord Bertrand Russell, los hermanos Huxley, Kurt Lewin y Eric Trist como nuevos especialistas en ciencia.

Los suscriptores habituales de *World In Review* sabrán que todo tipo de males: la oscuridad, el caos y la confusión invadieron Estados Unidos con la llegada de los misioneros de Tavistock. Aldous Huxley y Bertrand Russell, que fueron miembros destacados del culto a Isis-Osiris.

Tras ser despojado de las pocas cualidades humanas que poseía inicialmente, Tavistock certificó a Peccei como "cualificado" y lo envió al cuartel general de la Organización del Tratado del Atlántico Norte (OTAN).

Esta organización del Comité de los 300 se estructuró, en primer lugar, como un órgano político y, en segundo lugar, como un grupo de pacto de defensa militar para Europa contra los peligros que presentaba la URSS. En la OTAN, Peccei reclutó a miembros de alto nivel para que le siguieran en la formación del Club de Roma. Otros dirigentes de la OTAN y varios partidos políticos de izquierda se unieron al NRC para formar el Grupo

Bilderberg, el brazo socialista de reclutamiento y formación del Comité de los 300.

¿Cuáles eran los fines y objetivos de la ROC? Seguían esencialmente el Manifiesto Comunista de 1848, eran de naturaleza y origen socialista, y estaban motivados por las oscuras fuerzas espirituales en juego en el gnosticismo, la magia negra caldea, el rosacrucismo, los cultos de Isis-Osiris y Dionisio, el demonismo, la teocracia oculta, el luciferismo, la masonería, etc. El derrocamiento de la civilización cristiana occidental era primordial para la actividad de la ROC.

La destrucción de la soberanía nacional y del nacionalismo de todas las naciones, y con ello la destrucción de miles de millones de seres humanos "sobrantes", también figuraba de forma destacada en la agenda de la ROC. Peccei creía que los estados-nación, la libertad individual, la religión y la libertad de expresión iban a ser reducidos a polvo bajo la bota del Nuevo Orden Mundial -el Gobierno Mundial Único, a través de la ROC que fue creada para hacerlo lo antes posible. La tarea de los think tanks de la ROC era reunir, bajo una sola organización, a las numerosas organizaciones socialistas que ya estaban trabajando para acabar con la civilización cristiana occidental.

Japón no puede quedar fuera de los planes del Comité de los 300 (CDR). Japón es también una nación industrial, un pueblo altamente nacionalista y homogéneo, el tipo de sociedad que los potenciales líderes del Nuevo Orden Mundial odian. Por lo tanto, Japón, aunque no es occidental ni cristiano, representaba un problema para los planificadores de la ROC.

Utilizando la Sociedad Japonesa y la Fundación Suntory de David Rockefeller, el plan consistía en socavar el uso más exitoso del sistema económico estadounidense por parte de Japón -un legado dejado por el general Douglas MacArthur- utilizando medios indirectos. "Medios indirectos" significaba adoctrinar a Japón con ideales socialistas, "cambios culturales" según el plan, "la Era de Acuario-Nueva Era". Las instituciones y tradiciones de Japón iban a ser socavadas lenta pero inexorablemente de la manera y con el método adoptado contra Estados Unidos.

Los fanáticos de la ROC que hicieron la guerra a Estados Unidos para "cambiar su imagen pública" se ensañaron con Japón. Daniel Bell, de Tavistock, y Daniel Yankelovich, los "creadores de imagen" número uno de Estados Unidos, han sido llamados para secuestrar, al menos temporalmente, y librar su guerra contra la base industrial de Japón. Los que hayan seguido mi trabajo desde que comenzó en 1970 sabrán que la interfaz entre el servicio secreto británico MI6 y David Sarnoff, de la Radio Corporation of America (RCA), hizo que se colocaran agentes británicos en puestos clave dentro de la CIA y la División Cinco del FBI, su brazo de contrainteligencia. Yankelovich, de Yankelovich, Skelly y White, fue elegido por el MI6 para librar una guerra sin cuartel contra el pueblo estadounidense.

Yankelovich, un socialista anticristiano que había estado al frente del ataque a un pueblo estadounidense desprevenido durante dos décadas, recibió ahora la orden de la ROC de concentrar sus recursos en los ataques a la industria pesada de Japón, lo que ellos llamaban "chimeneas de humo". La industria ligera debía ser alabada y felicitada.

La esperanza era que el colapso postindustrial y de crecimiento cero de Estados Unidos y las tácticas de restricción del crédito de Volcker pudieran repetirse contra Japón. En una sociedad postindustrial, según el ROC, casi 50 millones de estadounidenses estarían sin trabajo y en paro permanente, y muchos millones más estarían subempleados. Según el ROC, esto llevaría a un declive social y moral, convirtiendo a la nación en una víctima fácil para que el Nuevo Orden Mundial -un gobierno mundial- se haga cargo de ella. El colapso de la clase media estadounidense tendría un profundo efecto en las exportaciones japonesas a Estados Unidos.

Al igual que el pueblo estadounidense, que nunca ha sido informado de la guerra que se libra contra él desde 1946, los planificadores de la ROC esperaban coger a la nación japonesa con la guardia baja. Peter Berger, del tristemente célebre Consejo de Relaciones Exteriores (CFR) -el gobierno paralelo de alto nivel de Estados Unidos bajo la égida del Comité de los 300-, y el llamado antropólogo Herbert Passon -el hombre que ocupó el lugar de la difunta Margaret Mead-, han asumido felizmente su nuevo reto. Como resultado, una avalancha de literatura "New Age" llegó al mercado japonés, pretendiendo mostrar hasta qué punto la industria japonesa había alejado al japonés medio de los valores nacionales y tradicionales.

Las películas realizadas para la televisión sobre las bandas juveniles de "Rock and Roll" se popularizaron cuidando de no revelar que esta aberración provenía de la misma fuente que nos dio a los Beatles, Mick Jagger, Keith Richard y toda clase de réprobos decadentes, depravados y amorales son la creación del Instituto Tavistock bajo los auspicios del ROC. Jagger y Richards han recibido a menudo honores de la realeza europea. La imagen que se crea es que esta degeneración es consecuencia de la industrialización de Estados Unidos.

A menos que se haga un esfuerzo concertado para evitarlo, Japón está destinado a sufrir la misma decadencia moral, o al menos una gravedad igual a la experimentada por Estados Unidos durante la época de los "Beatles-Jagger-Rolling Stones", aproximadamente desde los años 60 hasta los 80. Por cierto, Jagger y Richards pertenecen al club ocultista creado por el luciferino Alestair Crowley: la Orden Isis-Osiris de la Aurora Dorada. El principal objetivo de Isis-Osiris es la destrucción moral de la juventud de Occidente mediante el abuso ilimitado de drogas, el "sexo libre", la homosexualidad y el lesbianismo.

La "música" proporcionada por degenerados como Jagger y otros líderes de bandas de rock más adelante, marcó la pauta para la disminución de las inhibiciones, haciendo que la juventud de las naciones sea más fácil de inducir a estas prácticas malignas. El problema al que se enfrenta la ROC ahora es lidiar con la reacción que seguramente se producirá cuando el desempleo, como en Japón, alcance los niveles estadounidenses. Es poco probable que los japoneses se sometan mansamente y acepten el desempleo, como ya han hecho sus homólogos estadounidenses.

Japón es un país difícil de descifrar, pero alimentando su veneno lentamente, en dosis medidas, la ROC espera conseguir una revolución en Japón que no despierte a la población, es decir, que se siga el modelo estadounidense en el próximo ataque a Japón. En Estados Unidos, la "Conspiración de Acuario" del Club de Roma ha sido un éxito rotundo. Una versión resumida del artículo de Willis Harmon de ROC sobre el tema es todo lo que necesitamos para entender lo que está pasando:

Las imágenes y la concepción fundamental de la naturaleza y las potencialidades humanas pueden tener un enorme poder para configurar los valores y las acciones de una sociedad. Ellos (es decir, Harmon y el ROC) han intentado estudiar esto mediante :

- Los métodos de los Illuminati.
- Explorar, en relación con los problemas de la sociedad contemporánea, las deficiencias de las imágenes actuales de la humanidad, e identificar las características necesarias de las imágenes futuras.
- Identificar las actividades de alto nivel que podrían facilitar la aparición de una *Nueva Imagen* (énfasis añadido) y nuevos enfoques políticos para resolver los problemas clave de la sociedad.

> *Utilizamos la imagen del hombre o del hombre en el universo para referirnos al conjunto de supuestos que se tienen sobre el origen, la naturaleza, las capacidades y las características del ser humano, su relación con los demás y su lugar en el universo. Una imagen coherente puede ser la de un individuo, un grupo, un sistema político, una iglesia o una civilización. La mayoría de las sociedades tienen una imagen del hombre que define su naturaleza social. Por ejemplo, una imagen del hombre es, pues, una percepción gestáltica de la humanidad, tanto individual como colectiva, en relación con uno mismo, la sociedad y el cosmos.*

Esto es un puro disparate, un truco oculto diseñado para engañar a los desinformados. En su mayor parte, las suposiciones sobre la naturaleza de los seres humanos se mantienen inconscientemente. Pero para continuar con el intento de Harmon de lavarnos el cerebro:

> *Sólo cuando se reconocen estos supuestos ocultos y se dan*

> *a conocer a todos, se puede construir una imagen del hombre, la cual puede ser examinada cuidadosamente manteniendo la perspectiva y rechazándola o modificándola (énfasis añadido). Una imagen puede ser apropiada para una fase del desarrollo de una sociedad, pero una vez completada esa fase, el uso de la imagen como guía continua para la acción probablemente creará más problemas de los que resuelve. La ciencia, la tecnología y la economía han logrado avances realmente significativos para la consecución de objetivos humanos básicos como la seguridad física, el confort material y una mejor salud.*
>
> *Pero muchos de estos éxitos han conducido al problema del exceso de éxito. Problemas que en sí mismos parecen irresolubles dentro del conjunto de premisas de valores sociales que los hicieron surgir. Nuestro sistema tecnológico altamente desarrollado ha conducido a la vulnerabilidad y al colapso. El impacto interconectado de los problemas sociales que han surgido es ahora una seria amenaza para nuestra civilización.*

En otras palabras, nuestros ideales occidentales, la creencia en la familia, la santidad del matrimonio, la creencia en el propio país, el orgullo nacional, la soberanía nacional, el orgullo de nuestras creencias religiosas, el orgullo de la raza, nuestra confianza en un Dios omnipotente, y nuestras creencias cristianas, son todos obsoletos - según Harmon de la ROC

Para el iluminado y sumo sacerdote de la ROC, "tener demasiado éxito" viene de tener demasiado éxito como nación industrializada con pleno empleo y un pueblo que disfruta de un nivel de vida decente.

CAPÍTULO 9

UN RETORNO A LA EDAD OSCURA

Harmon quería decir que los estadounidenses, gracias a una sociedad basada en la industria, han disfrutado de demasiada libertad, lo que ha llevado a una situación en la que simplemente hay demasiada gente, que por lo tanto debe ser acorralada y masacrada, para que la ROC pueda frenar el crecimiento industrial, y por lo tanto el crecimiento de la población. La verdad es que la civilización cristiana occidental es una amenaza - no para la civilización - sino para el futuro de la teocracia oculta planeada para el mundo por el Comité de los 300.

Lo que Harmon defiende es un retorno a la edad oscura, una nueva edad oscura, bajo la dictadura de un gobierno mundial.

Harmon, el sumo sacerdote de la ROC, ha presentado un escenario que contradice directamente la ley de Dios, que dice que debemos ser fructíferos, multiplicarnos y sojuzgar la tierra, no para el beneficio de la ROC y el Comité de los 300, sino para la libertad de nuestro pueblo en los Estados Unidos y otros que eligen respetar sus identidades nacionales.

Los luciferinos servidos por Harmon, los miembros del Culto de Dionisio, los "olímpicos", dicen: "No, hemos sido puestos aquí para gobernar la Tierra y sólo nosotros disfrutaremos de sus beneficios". El sumo sacerdote Harmon concluye así:

> *Tenemos que cambiar rápidamente la imagen tecnológica industrial del hombre. Nuestros análisis de la naturaleza de los problemas de la sociedad contemporánea nos llevan a concluir que las imágenes de muchas personas que han dominado los dos últimos siglos serán inadecuadas para la era postindustrial. La imagen del hombre adecuada a este nuevo mundo* (que no es nuevo - el concepto, satánico, tiene cuatro mil años de antigüedad) *debe ser buscada, sintetizada y luego cableada en el cerebro de la humanidad.*
>
> *La imagen renacentista italiana del hombre económico, individualista, materialista, en busca del conocimiento objetivo, es inapropiada y debe ser descartada. El estado industrial, en esta etapa, tiene un gran impulso pero no tiene dirección, una maravillosa capacidad para llegar, pero no tiene idea de hacia dónde va. En cierto modo, se considera que el derrumbe de las antiguas imágenes conduce más a la desesperación que a la búsqueda de una nueva imagen. A pesar del pesimismo que implica una imagen dominante rezagada, hay muchos indicios de que puede estar surgiendo una nueva imagen anticipatoria de la humanidad.*

Lo que este galimatías significa realmente -lo que Harmon estaba diciendo en realidad- es que las sociedades industrializadas, como las de Estados Unidos y Japón, deben ser destruidas porque la sociedad industrializada se ha vuelto ingobernable. Según Harmon, la destrucción de la industria llevaría a la destrucción de todos nuestros valores morales básicos, de nuestras creencias básicas en Dios y en la patria, de nuestra cultura cristiana, lo que llevaría rápidamente al retorno al mundo de una **teocracia oculta** gobernando una nueva era oscura, según el sumo sacerdote Harmon:

> *...diecinueve imágenes del hombre dominan varias épocas, y de cada una de ellas extrae las características que considera útiles para sustituir la imagen tecnológica industrial, los programas que la ROC y el Comité esperan emular y que transformarán a los pueblos del mundo -los que quedarán como esclavos descerebrados después de la matanza de Global 2000, en una nueva era oscura- el llamado Nuevo Orden Mundial.*

Según el plan Harmon, la humanidad debe ser identificada como parte del reino animal. Harmon argumenta que la élite gobernante se ordena en la imagen post-industrial y que la imagen del Antiguo Testamento del hombre dominando toda la naturaleza debe ser abandonada por ser peligrosa.

Se prefiere la imagen zoroastriana. El sistema indio y asiático de yoga es preferible al cristiano, según Harmon, porque aportará la necesaria "autorrealización". Este eufemismo no es más que un recurso utilizado por Harmon para indicar que el cristianismo va a ser sustituido por creencias ocultistas como las que practican los miembros de Isis-Osiris y el Culto de Dionisio. La imagen cristiana del hombre debe ser reemplazada, según el Sumo Sacerdote Harmon. El hombre debe dejar de pensar que necesita a Dios. Ya es hora de que el hombre crea que es dueño de su propio destino y que puede cuidar de sí mismo.

Lo que falta en nuestras iglesias cristianas hoy en día es el conocimiento y la comprensión de las sociedades ocultas y secretas que están en todas partes. Nuestros maestros y lectores cristianos necesitan familiarizarse con el ámbito de las teocracias religiosas y hacia dónde están llevando a la Iglesia de Cristo.

En lugar de descartar la belleza y la pureza del Renacimiento, debemos aferrarnos a ella y proteger su inestimable patrimonio. He aquí un resumen de algunas de las medidas que Harmon defiende para que los planes de la ROC para un Nuevo Orden Mundial funcionen:

- La participación de los jóvenes en los procesos políticos.
- Movimientos de liberación de la mujer.
- Conciencia negra.
- La rebelión de los jóvenes contra los "males" de la sociedad.
- Mayor interés por la responsabilidad social de las empresas.
- La brecha generacional.
- Prejuicios inducidos contra la industria y la tecnología entre los jóvenes.
- Experimentar con nuevas estructuras familiares (es decir, familias monoparentales, "parejas" del mismo sexo y "hogares" de lesbianas).
- Hay que formar grupos ecologistas conservadores.
- El interés por las religiones orientales debe aplicarse con diligencia en las escuelas y universidades.

Estos puntos del Manifiesto Harmon casi pueden superponerse al Manifiesto Comunista de 1848. Hay pequeñas diferencias de estilo más que de fondo, pero el principio básico de que el mundo debe convertirse en un estado socialista que progresará hacia el comunismo es un hilo conductor de ambos documentos. El tema subyacente y oculto es el mismo que enseñaron los comunistasbolcheviques: "Ponte en nuestro camino por tu cuenta y riesgo". Las tácticas de terror son nuestras tácticas, y las utilizaremos sin miedo ni favor. Te eliminaremos si te opones a nosotros. Como he dicho antes, el ideal de la Nueva Era, tal como lo presenta Harmon, tiene miles de años. Los druidas quemaban personas en cestas de mimbre como sacrificio a sus dioses y sus sacerdotisas goteaban la sangre de sus víctimas en cubos.

La Revolución Francesa costó la vida a cientos de miles de víctimas inocentes, al igual que la Revolución Bolchevique. Los comunistas estaban orgullosos de la forma en que torturaron y asesinaron a millones de cristianos. ¿Qué nos hace pensar que la ROC, una teocracia oculta, no hará lo mismo cuando tenga la oportunidad? Estos son los asesinos, los muertos espirituales a los que nos enfrentamos, aquellos a los que Cristo describe como los gobernantes de las tinieblas, los malvados en las altas esferas, y ya es hora de que cada uno de nosotros, ya sea japonés o estadounidense, despierte a los peligros que amenazan a la civilización.

Cuando este ataque a Dios y a la humanidad fue grabado por Harmon en 1974, los catorce principios que estaban detrás de Harmon se cuidaron de no revelar ninguna participación directa de las diversas instituciones que pretendían utilizar para fabricar, establecer y promover como ariete de la contracultura. Embriagado de poder y previendo un público estadounidense complaciente que no reaccionaría, Harmon decidió utilizar a Marilyn Ferguson como fachada, para dejar salir el gato de la bolsa.

Harmon eligió a Marilyn Ferguson, una mujer sin talento totalmente desconocida que saltó a la fama como supuesta autora de "La *Conspiración de* Acuario", una traducción de un libro ficticio, pero Harmon no dijo a la audiencia que

Ferguson y todos los participantes no eran más que mercenarios mantenidos por el ROC, y que fue el ROC quien dio vida a la *Conspiración de Acuario.*[5]

Esta nueva versión de una conspiración ancestral comenzó en 1960 y continuó creciendo como un cáncer en el cuerpo político a lo largo de 1968, difundiendo el mensaje postindustrial de una contracultura basada en sociedades secretas ocultas, cuyos nombres son legión.

Los fundadores ya han sido nombrados. Sus órganos oficiales eran el Instituto Tavistock, el Instituto de Relaciones Sociales y el Centro de Investigación de Stanford, donde la psiquiatría social aplicada desempeñaba un papel central en la configuración y orientación de la OTAN hacia la adopción de la estrategia a largo plazo de la ROC, que el establishment bautizó como movimiento Acuario-Nueva Era.

Muchas personas me han escrito a lo largo de mi carrera, preguntando por qué no he escrito sobre el "Nuevo Orden Mundial". Pues bien, llevo escribiendo sobre estos y otros temas desde 1969. El problema es que la gente no escuchaba a alguien tan desconocido como yo entonces. Pero cuando una chiflada como Marilyn Ferguson, respaldada por el poder de la Fundación Rockefeller, salió con exactamente lo mismo que yo había advertido, preguntaron: "¿Dónde has estado; por qué no nos lo dijiste? "

La verdad es que yo hice llegar mi trabajo, la Nueva Era de Acuario, el Club de Roma y el Comité de los 300 a los

[5] "La Conspiración de Acuario", Ndt.

suscriptores mucho antes de que estos nombres llegaran a la atención de otros, quince años antes, para ser exactos.

En retrospectiva, mis informes se adelantaron años a su tiempo, mucho antes de que estas cosas fueran conocidas por otros escritores de derecha en Estados Unidos.

Uno de los primeros asaltos a Estados Unidos comenzó con la crisis de los misiles de Cuba, cuando John F. Kennedy rechazó los consejos del Instituto Tavistock, el CFR, el Instituto Rand y Stanford. Esto convirtió a Kennedy en un objetivo a eliminar. Su asesinato, aún velado por una multitud de informes contradictorios, es un gran insulto para el pueblo estadounidense. He relatado lo que sé sobre los autores de este crimen tan atroz en mi libro "El Comité de los 300",[6] revisado, actualizado y publicado en enero de 2007.

Kennedy adoptó una estrategia de defensa de "respuesta suave", que no se basaba en la guerra psicológica llevada a cabo por el ala política de la OTAN a través de los planificadores de defensa civil. Pero Kennedy optó por recortar la defensa civil y, en su lugar, establecer un nuevo y enorme programa espacial para la mejora tecnológica de la industria estadounidense. Al hacerlo, Kennedy firmó su sentencia de muerte. Mira el poder de las fuerzas de la teocracia del Nuevo Orden Mundial. No dudaron en asesinar al Presidente de los Estados Unidos en noviembre de 1963.

---

[6] *La jerarquía de los conspiradores, una historia del Comité de los 300*, Omnia Veritas Ltd. www.omnia-veritas.com.

A principios de 1963, una determinada agencia de asesinatos, cuyo nombre no puedo revelar, firmó un contrato con el Instituto Tavistock de Relaciones Humanas. Nótese el mal uso de las palabras "relaciones humanas". El contrato se adjudicó a varias filiales estadounidenses de Tavistock, como Stanford Research, el Instituto de Relaciones Sociales y la Rand Corporation.

Tavistock hizo entonces públicos los resultados de los "estudios científicos" realizados por estos think tanks y transmitió esta información al ala política de la OTAN.

Los que ponen sus esperanzas en la OTAN deberían darse cuenta de lo que está ocurriendo. La OTAN es una criatura del Club de Roma, que obedece a ese cuerpo organizado de servidores conocido como el Comité de los 300.

CAPÍTULO 10

LAS SOCIEDADES SECRETAS GOBIERNAN ENTRE BASTIDORES

A raíz de este acontecimiento, en 1966, el Dr. Anatol Rappaport, editor de la *revista* Tavistock's *Human Relations,* señaló que el programa espacial de la NASA era redundante y que Estados Unidos estaba ocupado con programas espaciales cuando debería haber gastado el dinero en estudios de "calidad humana".

Se esperaba que el informe de *la revista Human Relations* hiciera que la opinión pública estadounidense se volviera contra los programas espaciales. Tras el asesinato de Kennedy, durante un tiempo pareció que nuestro programa espacial iba a ser abandonado, pero entonces llegó la aplastante victoria electoral de Ronald Reagan en noviembre, que llevó a la reunión sin precedentes de los altos mandos de la ROC en Washington en noviembre de 1980.

Como he afirmado a menudo en mis conferencias y escritos desde 1969, el mundo está dirigido por personas muy diferentes a las que vemos de frente, una observación que hizo famosa por primera vez Lord Beaconsfield (Disraeli). De vez en cuando se nos advierte ampliamente de la verdad de esta observación, pero de forma velada. Parece que los llamados líderes del gobierno del mundo único a veces son incapaces de contenerse cuando obtienen una gran victoria.

Un ejemplo de lo que quiero decir lo proporcionó el coronel Mandel House, el controlador de los presidentes Wilson y Roosevelt. House escribió un libro, *Phillip Drew: Administrador, que se* suponía que era ficción, pero en realidad un relato detallado de cómo el gobierno secreto de los Estados Unidos iba a ser vendido como esclavo en un Gobierno Mundial-Nuevo Orden Mundial.

Disraeli, el legendario primer ministro británico, gran parlamentario y protegido de los Rothschild, dio cuenta del funcionamiento del gobierno secreto de Gran Bretaña, llamado *Coningsby,* que indicaba que los grupos secretos que controlaban los gobiernos británico y estadounidense pretendían dominar el mundo. Las sociedades secretas han sido y siguen siendo el archienemigo del mundo libre. Mientras florezcan entre nosotros sociedades secretas tan diversas y numerosas, no seremos hombres libres. Agitar banderas y tocar el tambor del patriotismo el 4 de julio no cambiará esta dura verdad.

Las sociedades secretas tienen líderes que dirigen el mundo desde la sombra. Si queremos entender la actualidad en los ámbitos de la política y la economía, debemos conocer bien las sociedades secretas.

El Club de Roma (COR) no es más que una extensión, una alianza permanente de las antiguas familias de la nobleza negra de Europa, dominadas por creencias y prácticas ocultistas que se remontan a miles de años. Los antiguos ritos mizraim de Egipto (antes de la llegada de los hijos de Noé), Siria, Babilonia y Persia fueron transportados a Europa por los oligarcas venecianos y británicos.

Los bogomilos, los cátaros... son el tipo de "creencias religiosas" que han traído consigo un ataque a las opiniones cristianas y a los principios occidentales. El amor de Oriente por la intriga se ha trasplantado a Occidente, con resultados tan trascendentales que a menudo escapan a nuestra imaginación.

El daño causado por estas sociedades secretas es impresionante. Por ejemplo, sabemos que la guerra de Crimea se inició por capricho de la masonería, y que la primera y la segunda guerra mundial siguieron el mismo camino. Nunca podremos saber hasta qué punto las fuerzas oscuras y secretas de las sociedades secretas entre nosotros están influyendo en los acontecimientos actuales.

La Guerra de los Bóers, probablemente la más importante del siglo 20, porque enfrentó a sociedades secretas y sus religiones misteriosas con una nación cristiana de libertad y patriotismo, agresores cuya intención era robar a los bóers su oro recién descubierto. Uno de los hombres más poderosos de la política británica durante este período indecoroso de la historia de Gran Bretaña fue Lord Palmerston, que pertenecía a muchas sociedades secretas y cuyo liderazgo del Parlamento estaba influenciado por la masonería. El propio Palmerston admitió que esto era cierto.

Por lo tanto, nos corresponde a nosotros, el pueblo, despertar al hecho de que estamos en conflicto con hombres espiritualmente malvados en las altas esferas. No estamos en contra de meras entidades físicas. Las fuerzas invisibles son más fuertes que las visibles. Estas fuerzas controlan los Estados Unidos y lo vemos en el hecho de que más del 75% de los miembros demócratas de la Cámara y el Senado son socialistas empedernidos.

Harlan Cleveland

Tal vez el miembro más conocido del USACOR sea Harlan Cleveland, antiguo embajador de Estados Unidos ante la OTAN en los años sesenta y antiguo vicepresidente del Consejo Atlántico, la principal presencia de la OTAN en Estados Unidos.

Cleveland dirigió la oficina de Princeton, Nueva Jersey, del Instituto Aspen de Estudios Humanísticos, la rama estadounidense del Instituto Tavistock de Relaciones Humanas. Se supone que Aspen es un "think tank" dedicado a cuestiones medioambientales, pero eso no es más que una hoja de parra, una cortina de humo para cubrir sus verdaderas actividades: hacer la guerra a la industria y la agricultura estadounidenses.

William Watts

Es miembro del Atlantic Council y director de Tomack Associates, la tapadera para la difusión de *Los límites del crecimiento* del COR, un estudio de 1972-73 que pretende demostrar cómo la industria y el "desarrollo agrícola excesivo" están arruinando la ecología. Watts se encarga de difundir la versión disfrazada de Aspen de la vieja teoría del crecimiento cero de Thomas Malthus, que en realidad se originó en el antiguo culto a Dionisio.

George McGee

El Sr. McGee, miembro del Consejo Atlántico, fue subsecretario de Estado para Asuntos Políticos de la OTAN y ex embajador de Estados Unidos en Turquía. Más tarde fue embajador de Estados Unidos en Bonn (Alemania).

Claiborne K. Pell

Pell fue senador estadounidense por Rhode Island y antiguo representante parlamentario de Estados Unidos en el Consejo Atlántico. Pell es un firme partidario de la política de la NRC de que las fuerzas de la OTAN supervisen el cumplimiento de las normas medioambientales en todo el mundo. Pell apoya firmemente la desindustrialización de todos los países, incluido Estados Unidos. A menudo ha expresado su simpatía por la teoría de Russell sobre el sacrificio de la "población sobrante". Pell participó con Cyrus Vance en la redacción de los términos del informe Global 2000. Pell colabora con Cyrus Vance y el secretario general de la OTAN, Joseph Lunz, y asiste a menudo a las reuniones de Bilderberg.

Donald Lesh

Antiguo empleado de Tomack Associates, Lesh es director ejecutivo de USACOR. También trabajó en su día para la Agencia de Seguridad Nacional (NSA) y ayudó a Kissinger a crear el aparato europeo de la NSA. En este contexto, trabajó con Helmut Sonenfelt, a quien se ha vinculado a Kissinger como un gemelo siamés desde el descubrimiento de los archivos de Bamberg. William Highland, presentado como especialista en la Unión Soviética, también trabajó para la oficina europea de la NSA.

Sol Linowitz

Más conocido por redactar el fraudulento e inconstitucional tratado del Canal de Panamá, Linowitz se convirtió en confidente de Carter, y es muy conocido en el Comité de los 300, Rank Xerox Corporation y es miembro del Comité de los 300.

J. Walter Lew (Levy)

Levy es el analista de petróleo residente en el Consejo de Relaciones Exteriores (CFR) de Nueva York, director del Consejo Atlántico y miembro del Grupo Bilderberg. Levy desarrolló el programa de la Comisión Brandt de políticos socialistas internacionales. Aunque Brandt está casi siempre ebrio, es sin embargo uno de los socialistas más peligrosos de la escena contemporánea.

Joseph Slater

El Sr. Slater es director del Instituto Aspen, sede socialista del Comité de los 300 en Estados Unidos. Anteriormente fue embajador de Estados Unidos en la OTAN. Estos son algunos de los protagonistas de un nido de sediciosos en los Estados Unidos. Su función principal es acelerar el plan de crecimiento postindustrial cero elaborado por la ROC y convertir las antiguas ciudades industriales del noreste en entidades de trabajo esclavo bajo el título de "zonas empresariales". Uno de los objetivos es el programa SDI del presidente Reagan, que pondría fin definitivamente a la loca estrategia de Kissinger y Robert McNamara. La OTAN se despliega para aglutinar todos los aspectos de la agenda antiamericana.

CAPÍTULO 11

LA NASA Y EL CLUB DE ROMA

Un ejemplo de ello es la participación de EE.UU. en la Guerra de las Malvinas, cuando los EE.UU. proporcionaron instalaciones de apoyo que permitieron a las fuerzas británicas derrotar a Argentina, que tuvo que ser abatida, debido a su excelente programa de exportación de centrales nucleares.

Uno de los mayores logros del Club Americano de Roma hasta la fecha ha sido quitar el programa espacial a los militares y dárselo a la NASA, una agencia civil. El expresidente Eisenhower cumplió con creces las instrucciones que recibió de Londres para llevar a cabo este cambio.

Pero el movimiento puede haber sido contraproducente. En mayo de 1967, un estudio de perfiles de la NASA realizado por el Instituto Tavistock de Relaciones Humanas reveló que la NASA se había convertido en un importante empleador de personal industrial y científico, justo lo contrario de los planes de desindustrialización del COR. El informe Tavistock hizo saltar las alarmas en los despachos de los sediciosos y traidores, desde Colorado hasta Washington y Nueva York.

Su respuesta fue la creación de un "comité selecto" bajo la

dirección de Robert Strauss Haptfz, embajador de Estados Unidos ante la OTAN. La tarea del comité era instituir medidas inmediatas de control de daños, que se esperaba que paralizaran a la NASA. Se convocó una reunión para debatir lo que se denominó "desequilibrio tecnológico transatlántico y colaboración". La reunión se celebró en Deauville, Francia, y contó con la presencia de Aurellio Peccei y Zbignew Brzezinski.

Esta reunión de sediciosos y enemigos del pueblo de los Estados Unidos fue convenientemente ignorada por los medios de comunicación, los mismos que más tarde se esforzarían -y tendrían éxito- en destituir al presidente Nixon de la Casa Blanca.

Fue en esta reunión donde Brzezinski se inspiró en su libro, *Between Two Ages: The* Technotronic *Era,* que cité ampliamente en mi libro, *The Committee of 300.*

En este libro, Brzezinski esboza el ideal de un Nuevo Orden Mundial socialista, basado en conceptos orwellianos; un mundo gobernado por una élite intelectual y una supercultura basada en una red de comunicaciones electrónicas, en un concepto de regionalismo con soberanía nacional simbólica.

La conferencia de Deauville llegó a la conclusión de que debía haber una convergencia de ideales entre Estados Unidos y la URSS (una idea totalmente rechazada por Stalin, que era una verdadera espina en el costado del Comité de los 300).

Esta "convergencia" daría lugar a un gobierno mundial único para gestionar los asuntos mundiales sobre la base de una verdadera gestión de crisis y una planificación global. Se recordará que esta sugerencia de Rockefeller fue despreciada por Stalin y fue su negativa a unirse al Nuevo

Orden Mundial lo que condujo a la Guerra de Corea.

Incluso la retorcida, censurada e inexacta historia de la Segunda Guerra Mundial, escrita por escritores pagados por Rockefeller, muestra que Estados Unidos nunca luchó contra el comunismo. ¿Cómo podría hacerlo, cuando la élite de la época de Wilson y los banqueros de Wall Street fueron los mismos que pusieron a Lenin y Trotsky en el poder en connivencia con Lord Alfred Milner y los banqueros de la City de Londres?

La Segunda Guerra Mundial fue una situación artificial. Hitler fue creado por los banqueros de Wall Street y de la City de Londres, aparentemente con el objetivo de rodear a Stalin y ponerlo en cintura, después de que hubiera empezado a rechazar las propuestas de establecer una "dominación mundial común".

Stalin no confiaba en lo que llamaba "los cosmopolitas de Washington". Hitler fue destruido porque se puso en contra de sus controladores, quienes entonces, a su manera dialéctica, apoyaron a Stalin hasta el final en lo que percibieron como el menor de los dos peligros. Al no poder controlar a Hitler, los banqueros internacionales tuvieron que destruirlo.

El resultado neto de la Segunda Guerra Mundial fue la aparición de un sistema comunista más fuerte y formidable, capaz de extender sus tentáculos por todo el mundo. La Unión Soviética pasó de ser una potencia regional a una mundial.

La Segunda Guerra Mundial costó millones de vidas y miles de millones de dólares, y todo por un escandaloso mal uso de los recursos por parte de hombres con planes grandiosos para dominar el mundo, y no hablo de Hitler y Stalin. Me refiero al CFR, la RIIA, el Club de Roma y el Comité de los 300. Si alguien puede darme una lista de los supuestos beneficios de la Segunda Guerra Mundial o explicar las "libertades" que trajo a los pueblos de América o Europa, me encantaría escucharlo.

Por lo que veo, el mundo es hoy mil veces peor que en 1939. El socialismo se ha apoderado de los Estados Unidos como resultado de la Segunda Guerra Mundial. Nuestras industrias fueron destruidas; millones de trabajadores perdieron sus empleos. No podemos culpar a Hitler (o a Stalin) de esta situación artificial. Peccei lo puso en perspectiva cuando dijo:

> *... Desde que se acerca el milenio en el cristianismo, las masas están realmente en vilo por los acontecimientos inminentes de cosas desconocidas que podrían cambiar su destino colectivo por completo. El hombre no sabe cómo ser un verdadero hombre moderno.*

Lo que Peccei nos decía era que los ocultistas, los esoteristas, los de la Nueva Era, saben lo que es bueno para nosotros, y más vale que nos conformemos con los dictados del Nuevo Orden Mundial o seremos destruidos.

Debemos aprender a vivir y a comportarnos dentro del modelo de *límites de crecimiento de la* ROC, que incluye un límite a las religiones que podemos seguir. Debemos aprender a vivir dentro de las limitaciones impuestas a nuestra economía por el ROC y no rebelarnos contra el nuevo orden monetario.

También debemos aceptar la idea de que somos reemplazables. Peccei dice que "el hombre ha inventado la historia del dragón malvado, pero si alguna vez hubo un dragón malvado en la tierra, es el propio hombre".

A continuación, Peccei da el plan de juego completo:

> *Desde que el hombre abrió la caja de Pandora de las nuevas tecnologías, ha sufrido una proliferación humana incontrolable, una manía de crecimiento, una crisis energética, una escasez real potencial, una degradación del medio ambiente, una locura nuclear y otras innumerables aflicciones.*

CAPÍTULO 12

EL DESORDEN DE LOS SISTEMAS MONETARIOS

En estas pocas palabras, encontramos todo el conjunto de planes para la humanidad esbozados por el ROC para el Comité de los 300.

Esto responde en pocas palabras a la pregunta más frecuente: *"¿Por qué querrían hacer estas cosas?* "Aquí tenemos a un esoterista del peor grado diciéndole a la gente que la ROC hablando en nombre de sus amos en el Comité de los 300 sabe lo que es mejor para todo el mundo.

Poco después de su discurso, Peccei adoptó el modelo de "Dinámica Mundial", construido para el Comité de los 300 por Jay Forrester y Dennis Meadows, que es un modelo de planificación global que supuestamente demuestra la insostenibilidad de los sistemas complejos para mostrar que las estructuras de menor escala deberían predominar en la economía global. Para ello, por supuesto, el informe Meadows-Forrester se basó exclusivamente en los estudios económicos negativos y restrictivos de Malthus y Adam Smith, el economista británico de las Indias Orientales que formuló la política de "libre comercio" de Gran Bretaña.

La economía mítica de Forrester Meadows ignora el ingenio del hombre, que encontrará una fuente inagotable de nuevos minerales o recursos de los que aún no somos conscientes. De hecho, lo que está agotando nuestros recursos es el papel moneda, si es que podemos llamar a algo papel moneda.

El sistema monetario de Estados Unidos es un gigantesco desastre debido a la injerencia de los miembros de la jerarquía oligárquica, cuya intención es convertirnos a todos en esclavos.

Sólo el papel moneda sin garantía perjudica los recursos naturales del planeta, y por sin garantía me refiero a que los dólares estadounidenses no están respaldados por plata y oro como exige la Constitución de los Estados Unidos de América. De hecho, ahora mismo no hay moneda de curso legal en los Estados Unidos, y nunca la ha habido desde la llegada de la Ley de la Reserva Federal.

No es de extrañar que estemos en un lío financiero, cuando se ha permitido que un consorcio privado (el Banco de la Reserva Federal) se apodere de nuestro dinero y lo utilice a su antojo, sin que la gente que lo posee tenga ningún control sobre él.

Una economía basada en el oro y la plata renovará y reciclará los recursos naturales. Una sociedad basada en la fisión nuclear abriría nuevas oportunidades. Sin embargo, Meadows y Forrester ignoraron la magia de la llamarada de fusión. Es fácil explicar cómo el ROC podría ignorar las nuevas tecnologías. Simplemente porque no los quería.

Las nuevas tecnologías significan nuevos empleos y un pueblo más próspero. Una población más próspera significa un aumento de la población de América del Norte, que según los portavoces del COR es indeseable y una amenaza para la vida en la Tierra.

La verdad es que ni siquiera hemos empezado a explotar los recursos naturales de la Tierra. Todo el concepto de la Nueva Era Oscura y el Nuevo Orden Mundial, desde Russell a Peccei, pasando por Meadows y Forrester, es fatalmente defectuoso y está diseñado para retrasar el crecimiento industrial, el empleo y, en última instancia, la eliminación de la población mundial.

(NOTA: La Conferencia de la ONU sobre el Control de la Población, celebrada en El Cairo en agosto de 1994, fue una extensión del plan Global 2000 para matar a 2.500 millones de personas en 2010).

Con respecto a la energía nuclear, el Sr. Peccei dijo:

> *Soy más pesimista y radical que mis amigos en mi juicio sobre la solución nuclear. No estoy en condiciones de juzgar, ni siquiera de adivinar, si se puede hacer limpio, seguro y fiable para la sociedad humana, como afirman muchos científicos y casi todos los políticos y la industria.*
>
> *Pero estoy dispuesto a argumentar que lo que no es suficientemente fiable, seguro y limpio es la propia sociedad humana. He dedicado muchas páginas a describir su desordenado estado, su incapacidad para gobernarse a sí misma, para actuar de forma racional y humana y para aliviar las tensiones que la desgarran, por lo que no puedo creer que en su estado actual pueda salir de la energía nuclear.*

Esto es casi un calco de lo que dicen los grupos ecologistas sobre que la energía nuclear es la fuente de energía más barata, limpia y segura del mundo.

También es un vehículo para crear millones de nuevos puestos de trabajo estables y de larga duración.

> *No puedo imaginar que esta misma sociedad sea capaz, dentro de unas décadas, de albergar y proteger de forma segura varios miles de enormes centrales nucleares y de transportar por todo el planeta y procesar incluso una cuarta parte del mortífero plutonio-239, diez mil veces más de lo que se necesitaría para matar a todos los vivos hoy en día.*
>
> *Que la humanidad se embarque en la energía nuclear sin estar primero preparada en todo su sistema humano para su comportamiento imprudente e irresponsable es la cuestión; los verdaderos problemas no son técnicos ni económicos, sino políticos, sociales y culturales.*
>
> *Aquellos que hoy están intoxicados con pequeñas dosis de la droga dura nuclear, como la he llamado, y que están impulsando un programa para diseminarla por todo el cuerpo de la sociedad, están en efecto condenando a sus sucesores a vivir completamente de ella mañana.*

¿Y por qué no? La energía nuclear es el mayor descubrimiento que ha conocido el mundo. Nos hará libres. Por eso los enemigos de la humanidad, el Club de Roma, luchan en todos los frentes para devaluar la energía nuclear y hacerla parecer un terrible peligro para nosotros. La energía nuclear es segura. Hasta ahora, nadie ha muerto por la energía generada por la energía nuclear mientras trabajaba en una planta de este tipo.

Nos dará una gran libertad, revitalizará nuestras capacidades industriales - les dará una nueva vida - y nos dará una mayor libertad como individuos, porque millones de nosotros tendremos trabajos a largo plazo y bien pagados. Una mayor libertad es un anatema para el Club de Roma. El Club de Roma quiere menos libertad individual, no más. Esa es la esencia de la cuestión de la energía nuclear.

Peccei pasó a rechazar la fisión nuclear en una frase y dijo:

> *Su viabilidad está por demostrar, pero en la actualidad ningún plan futuro puede basarse en ella de forma fiable. Es poco probable que la energía llegue a ser abundante, barata y sin desventajas ambientales y sociales.*
>
> *Si se dispusiera de energía abundante, barata y limpia, las perspectivas de soluciones tecnológicas para los alimentos y los materiales serían muy buenas.*

Se detuvo ahí, pero aquí está el problema: el Club de Roma no quiere que aumentemos nuestras capacidades tecnológicas, que produzcamos más alimentos y que mejoremos nuestro nivel de vida.

Ha ideado un programa llamado Global 2000, que pide la muerte de 2.000 millones de personas para 2010, aunque la cifra final que vi en el informe indica que el Club de Roma se dará por satisfecho si se eliminan 400 millones de personas de la faz de la tierra para 2010.

Peccei dejó claro que los nuevos descubrimientos científicos y las nuevas tecnologías como medio para aumentar el progreso material no son deseados por el Club de Roma, que pretende ser el único árbitro de la planificación global dentro de la OTAN.

Esto, por supuesto, después de haber tomado y sometido a una Rusia rebelde. Y de nuevo, lo que vemos hoy en el mundo es una ruptura entre Estados Unidos y Rusia. Peccei utilizó como advertencia el embargo de petróleo creado artificialmente durante la guerra árabe-israelí de 1973. Dijo que esto hizo que "mucha gente se alineara con el pensamiento del Club de Roma".

De hecho, fue un punto de partida para muchas personas que rompieron con su antigua forma de pensar y se tomaron mucho más en serio los consejos del Club de Roma. Ya he dicho que esta gente a veces no puede mantener la boca cerrada. He aquí un hombre que admite abiertamente que la guerra árabe-israelí de 1973 fue una situación artificial de falsa escasez de petróleo en el mundo, y con ello ha convencido a más gente de que lo más pequeño es mejor y más bonito, y de que hay que frenar el progreso industrial.

La razón de ser del Club de Roma, por supuesto, es que la prueba de estas afirmaciones, tal y como se formulan en los informes Forrester-Meadows, fue puesta de manifiesto por mucha gente con el embargo de petróleo de 1973. Durante el periodo 1973-74, la influencia del Club de Roma en las políticas de muchos gobiernos aumentó de forma espectacular.

La reina Juliana de los Países Bajos ordena que se expongan las ideas del Club de Roma en el centro de Rotterdam. Poco después, el Club se reunió con el Ministro de Finanzas francés y creó la llamada *Internacional sin Reproches* para discutir las implicaciones del informe del Club de Roma.

CAPÍTULO 13

PREDICCIONES FUNESTAS

En 1972, el Consejo de Europa invitó a Peccei a presentar una ponencia titulada "Los límites del crecimiento en perspectiva" en una sesión especial de parlamentarios europeos.

A principios de 1974, gracias a la labor de Peccei y del canciller austriaco Bruno Krysky - amigo socialdemócrata de Willy Brandt - diez miembros del Club de Roma celebraron una reunión privada con varios jefes de Estado, entre ellos el ex primer ministro canadiense Pierre Trudeau, el ex primer ministro holandés Joop Den Uyl, el ex presidente suizo Nello Tiello, representantes de Argelia y Pakistán, etc. En palabras de Peccei, se han sembrado las semillas de la duda.

El informe Forrester-Meadows también provocó una fuerte oposición por parte de los industriales y otras personas que se dieron cuenta de que las políticas de crecimiento cero nunca funcionarían para los Estados Unidos de América. A raíz de esta constatación, el Club trató de construir un contra-movimiento dirigido por Misarovick y Edward Pestell, quienes afirmaron que el objetivo del Club de Roma era programar el crecimiento orgánico:

"El mundo tiene un cáncer y ese cáncer es el hombre",

dijo el Sr. Pestell.

En segundo lugar, el ROC pidió el desarrollo de un plan maestro que condujera a la creación de una nueva humanidad, es decir, un Nuevo Orden Mundial dirigido por estas personas.

El Club de Roma iba a establecerse en varios países del Tercer Mundo, como Irán, Egipto y Venezuela, México y Argelia, tras lo cual se invitó a estos países a adherirse, pero declinaron hacerlo.

Un plan del Instituto de Formación e Investigación de las Naciones Unidas titulado "*Proyectos de futuro*", redactado por el miembro del Club de Roma Irvin Lazlow, era una amarga denuncia del crecimiento industrial y la civilización urbana. Denunció la actual política de industrialización de los Estados Unidos de América. Denunció a la clase media y exigió, como había hecho Lenin antes que él, la destrucción total de la clase media estadounidense, esa institución única, ese organismo, que impide que Estados Unidos siga el camino de los imperios griego y romano.

En esto, Lazlow fue hábilmente asistido por los servidores a sueldo de la ROC, Cyrus Vance y Henry Kissinger. Muchos de los socialistas citados en esta monografía se reunían regularmente con Vance y Kissinger.

Como mencioné en un libro anterior, el Club de Roma patrocinó un proyecto para reescribir el libro del Génesis con el fin de sustituir el mandato bíblico de que el hombre debe dominar la naturaleza.

Otros partidarios del Club de Roma eran Cyrus Vance y el

propio Jimmy Carter, así como Sol Linowitz, Phillip Klutznick, William Ryan -de la orden de los jesuitas de Toronto- y Peter Henriatt, que era un experto en teología de la liberación.

Todas estas personas se han reunido bajo los auspicios del Club de Roma para promover una campaña mundial de fundamentalismo religioso que podría utilizarse para derrocar el orden mundial y los gobiernos existentes en el momento oportuno, y este plan se está aplicando. Está parcialmente en marcha, pero aún no se ha desarrollado del todo.

Me gustaría volver a la cuestión de la energía nuclear. Hay una enorme presión contra la energía nuclear, y hemos visto acciones en todos los frentes: judicial, económico, social y político. Sin embargo, según los estudios de la Universidad de Arken, en Alemania Occidental, sobre los efectos de las armas nucleares, si sólo se detonara el 10% de las armas nucleares de las superpotencias, el subproducto incluiría una cantidad muy importante de isótopo de cesio que, según las previsiones, se asimilaría a la vía del yodo del proceso vital. Se podría generar una cantidad suficiente de estos cesios radiactivos para matar a todas las formas de vida superiores afectadas en todo el mundo.

Pero, por supuesto, esto no es más que otra historia de terror difundida por el Club de Roma, al igual que el miedo a la guerra termonuclear es una historia de terror manipulada por los lavacerebros de ambos lados del Atlántico.

La idea es hacer que el propio nombre "radiactivo" sea una palabra de horror en la mente de la mayoría de la población mundial. Así, el miedo generado contra el uso pacífico de la energía nuclear ha sido muy, muy fuerte y ha conseguido echar por tierra una serie de grandes planes de construcción y dejar en suspenso decenas de centrales nucleares que se iban a construir en Estados Unidos en los próximos diez años.

El único peligro que da pesadillas a algunas personas decentes es el miedo a que una central nuclear sea alcanzada por una potente explosión nuclear, o que un fanático antinuclear muy entrenado entre en la central y la haga explotar, lo que por supuesto provocaría una explosión secundaria.

Sin embargo, los intentos de sabotaje de las centrales nucleares, como han demostrado las pruebas concluyentes de Three Mile Island, no suelen causar tantos daños como los que provocaría la detonación de armas nucleares.

En la actualidad, hay docenas de virus creados por el hombre, como el VIH y el ébola, en los que la energía nuclear no desempeña ningún papel.

El estudio, que utiliza técnicas estándar, descubrió que, incluso según las estimaciones más conservadoras, a mediados de 2008 se habían perdido más de un millón de puestos de trabajo por la eliminación de las instalaciones nucleares en construcción y las que ya estaban en funcionamiento. Sin embargo, ¡ni una sola persona ha muerto por la producción comercial de energía de fisión en los Estados Unidos! Así es; ni una sola persona murió en la llamada "catástrofe nuclear" de la central de Three Mile Island, que no fue un accidente, sino un acto de sabotaje deliberadamente planificado.

En el mismo periodo de tiempo, millones de personas han muerto de SIDA, y millones más morirán, gracias a los planes genocidas de Global 2000. Más de 50.000 personas mueren cada año en las carreteras de Estados Unidos en accidentes de tráfico, pero hasta ahora, en más de cuatro décadas, las centrales nucleares de Estados Unidos no han matado a ninguna persona.

Pero más de 100 millones de vidas han sido puestas en riesgo por las fuerzas pro-nucleares del Club de Roma y la OTAN, que constantemente lavan el cerebro de esta nación con un bombardeo de propaganda antinuclear.

Lo interesante de esto es lo siguiente: El propio cuerpo humano produce radiactividad hasta tal punto que eminentes físicos propusieron hace unos años que no se permitiera la presencia de más de dos personas en la misma habitación al mismo tiempo. Por otro lado, un viaje de esquí en la montaña o un vuelo en avión exponen a una persona a mucha más radiactividad que si se apoya en la pared de una central nuclear durante un año.

Otro punto interesante es que una central de carbón emite más radiactividad a la atmósfera por kilovatio que una central de fisión. Al extraer uranio para obtener combustible fisible, en realidad reducimos la cantidad total de radiactividad a la que estamos expuestos por consecuencias naturales.

En la actualidad, los programas existentes de reprocesamiento y eliminación fraccionada de residuos protegen absolutamente a la humanidad de cualquier riesgo, siempre que, por supuesto, el material permanezca en el ciclo de reprocesamiento de la combustión. Y esto es posible.

Por ello, los fanáticos antinucleares que sabotearon el programa nuclear del país han sido fieles a su denuncia de la acumulación de residuos de combustible radiactivo. Con la entrada en funcionamiento de los reactores reproductores rápidos, la cantidad fraccionada de residuos no procesados, que es inferior al cinco por ciento, puede reducirse aún más. Utilizando los programas de haces de partículas inventados y puestos en práctica por el genio del Dr. Edward Teller, se pueden aplicar haces de neutrones acelerados a los residuos no deseados, y se podrían neutralizar completamente transformándolos mediante un bombardeo controlado de neutrones. Esto se ha hecho y se puede hacer, y es bastante factible, y desde luego no es caro.

Desde la década de 1970, hemos visto cómo el Club de Roma libraba una guerra implacable contra los programas de energía nuclear en este país, bien cancelándolos directamente por temores medioambientales, bien retirándoles la financiación, o una combinación de ambos. El efecto neto de todo esto ha sido aumentar en miles de millones de dólares los costes de construcción de las centrales nucleares y, por supuesto, los costes de producción de energía con ellas.

Normalmente, una central nuclear es fácil de construir en cuatro años, pero, por supuesto, si el tiempo de construcción se duplica -como ha ocurrido en Estados Unidos debido a la oposición de los ecologistas, las autoridades locales y los estados-, los costes de construcción y financiación disparan el precio final de la central.

Estas costosas tácticas de retraso, combinadas con los

elevados tipos de interés de los banqueros del Club de Roma, que equivalían a una auténtica usura, condujeron a la práctica paralización de la construcción de centrales nucleares en Estados Unidos. En 2008, con los precios del crudo en alza, es aún más crucial construir centrales nucleares.

Las centrales antinucleares deben ser uno de los grandes éxitos del Club de Roma. Si no fuera así, la industrialización de América ya habría avanzado a pasos agigantados y me complace decir que el desempleo sería cosa del pasado.

Ahora mismo, a mediados de 2008, unos 15 millones de estadounidenses están sin trabajo, o eso dice el gobierno. Con las centrales nucleares en plena producción, este no sería el caso. El combustible nuclear es el más barato por kilovatio de todos los combustibles disponibles en el mundo, ahora o en cualquier momento.

CAPÍTULO 14

RESTRINGIR LA ENERGÍA NUCLEAR

La tecnología de fusión es la única fuente de energía nueva aceptable desde el punto de vista medioambiental que se necesita si, y esto es un gran "si", Estados Unidos quiere seguir teniendo una economía sana y una base industrial en crecimiento que proporcione pleno empleo a su gran grupo de trabajadores cualificados. Sin una economía sana y una base industrial creciente, Estados Unidos no puede seguir siendo una potencia mundial, ni siquiera mantener su actual y tambaleante posición en la estructura de poder militar del mundo. Si pudiéramos frustrar los planes del Club de Roma, el país en su conjunto se beneficiaría de tres maneras inmediatas:

- Se produciría una enorme expansión de nuestra infraestructura económica, lo que daría lugar al mayor auge económico que jamás haya visto Estados Unidos.
- Proporcionaría oportunidades de empleo, eliminando, me atrevo a sugerir, toda la base de desempleo de Estados Unidos.
- Aumentaría los beneficios para los inversores. También abarataría y abarataría la producción de energía en Estados Unidos, sin que le cueste un céntimo más a la economía. Imagínese los beneficios de no tener que importar petróleo saudí.

> La situación de nuestra balanza de pagos mejoraría a pasos agigantados. En seis meses, nuestra economía y nuestro mercado laboral habrán experimentado una transición sorprendente.

Todo esto se haría sin subir los impuestos. La tecnología está ahí y la voluntad también. Lo que impide el desarrollo nacional es el Club de Roma con su política orquestada de oposición a la energía nuclear.

Por lo tanto, depende de nosotros hacer llegar el mensaje de que la energía nuclear no es mala, sino buena. Si de alguna manera tuviéramos representantes en el Congreso que pusieran a Estados Unidos en primer lugar, y no a sus propios intereses, se podría lanzar un programa de energía nuclear, que llevaría a un nuevo boom de inversiones en alta tecnología, con millones de dólares invertidos y cientos de miles de nuevos puestos de trabajo creados.

Veríamos surgir nuevas industrias; veríamos desaparecer el desempleo y el nivel de vida de este país aumentaría inconmensurablemente y nuestra base industrial y económica nos animaría a convertirnos en la mayor potencia militar del mundo.

Nunca más tendríamos que preocuparnos por un ataque de una potencia extranjera y nunca más experimentaríamos los ciclos de auge y caída impuestos a los Estados Unidos por los bancos de la Reserva Federal.

Esto es, por supuesto, diametralmente opuesto a las políticas del Club de Roma. Por lo tanto, estamos luchando por nuestro futuro, por nuestras vidas, por nuestros hijos y por la seguridad de este gran país, el último bastión de la libertad en el mundo. ¿Qué nos ha llevado a la actual situación de recesión? Y no se deje engañar por las estadísticas del gobierno: estamos inmersos en una profunda recesión.

¿Qué nos ha llevado a este lamentable estado? ¿Se han hundido los recursos naturales de este país? Sin duda, la mayoría de la gente hoy en día debe darse cuenta de que los acontecimientos no se producen sin más, sino que se crean mediante una cuidadosa planificación. La causa fundamental de la enfermedad que aqueja a Estados Unidos es el fracaso de los sucesivos gobiernos, después del del presidente Roosevelt, de insistir en que Gran Bretaña trate a Estados Unidos como un país separado, independiente y soberano, en lugar de imponerle la voluntad del Comité de los 300 a través del Club de Roma y del Fondo Monetario Internacional, como han hecho desde el acuerdo especial alcanzado por Winston Churchill y F.D. Roosevelt en 1938.

Por supuesto, el "acuerdo especial" comenzó mucho antes. Algunas personas me escribieron y dijeron: "Debes estar equivocado, porque Churchill ni siquiera era el Primer Ministro de Inglaterra en 1938".

Claro, pero ¿desde cuándo esta gente se preocupa por los títulos? Cuando se acordó el infame Tratado Balfour, ¿acudieron estas personas al Primer Ministro británico, que controlaba ostensiblemente Gran Bretaña? No, en su lugar presentaron un largo memorando a Lord Rothschild, y fue éste quien redactó la versión final del tratado que otorgó Palestina a los sionistas, que Gran Bretaña no tenía derecho a conceder, ya que no les pertenecía.

Vimos que lo mismo ocurrió con Roosevelt y Churchill.

Churchill no era el Primer Ministro en 1938, pero eso no le impidió negociar en nombre de la gente que le pertenecía en cuerpo y alma: el Comité de los 300. Churchill recibió su formación durante la Guerra de los Boers en Sudáfrica, y fue miembro y mensajero de este grupo de élite durante toda su vida.

Una indicación del tipo de estrategia adoptada por Gran Bretaña se encuentra en el libro publicado al final de la Segunda Guerra Mundial por Elliot Roosevelt, hijo y ayudante de guerra de Franklin Roosevelt, titulado *As I Saw It*.

Elliot Roosevelt grabó los principales rasgos de Franklin Roosevelt esbozando la política estadounidense de posguerra a Churchill. Por supuesto, Churchill no tenía intención de seguirle; sabía muy bien que el poder para anular las propuestas de Roosevelt, fueran las que fueran, recaía en el Comité de los 300 que dirigía Estados Unidos.

Los agentes socialistas británicos del cambio se infiltraron en Estados Unidos por docenas, incluido Walter Lippmann, que fue el principal propagandista de Tavistock. Fue Lippmann quien presentó a Lord John Maynard Keynes, el "maravilloso" economista, a una América desprevenida, y fue la economía keynesiana la que arruinó la economía estadounidense.

Fue Keynes quien introdujo sistemas como los derechos especiales de giro, la teoría del "multiplicador" y otras injusticias grotescamente inmorales, perversas y viles impuestas a casi toda la raza humana por la pequeña minoría que dirige el mundo. Y debemos darnos cuenta de que no es una frase hueca. Esta gente sí maneja el mundo y no tiene sentido decir: "...esto es América y tenemos una Constitución y no puede pasar aquí".

La Constitución de los Estados Unidos ha sido pisoteada y ha sido total y completamente subvertida, de modo que hoy no tiene prácticamente ninguna fuerza ni efecto.

Rockefeller creó la estafa de la ayuda exterior. Es la mayor estafa que el mundo ha visto, fuera de los Bancos de la Reserva Federal. Hace que las naciones dependan totalmente de la ayuda estadounidense, que tiene un doble propósito:

- Esto permite que estas naciones sigan sometidas a la voluntad de sus amos en el Consejo de Relaciones Exteriores.
- Grava al contribuyente estadounidense más allá de su capacidad de pago y lo mantiene tan ocupado ganándose la vida para mantenerse a flote que no tiene tiempo de mirar a su alrededor para ver qué es lo que está causando su miseria. Este sistema comenzó en 1946.

Kissinger introdujo el gamberrismo en la política mundial. Julius Klein, de la OSS, le dio a Kissinger su trabajo en el ejército como chofer del general Kramer. Kissinger ha actuado como un hooligan en la política mundial desde que los británicos lo tomaron y ha costado mucho a la imagen y a la opinión pública estadounidense.

Fue sobre todo la labor de Kissinger la que provocó la agonía de millones de personas hambrientas en África e hizo que las naciones se doblegaran y renunciaran a su integridad soberana.

Esto es increíble, y nunca podría haber ocurrido hace tres o cuatro años, pero está ocurriendo ahora mismo, delante de nuestras narices, en Brasil, México y Argentina, donde el FMI, la organización ilegal del gobierno mundial, el hijo bastardo del Club de Roma, está obligando a las naciones a doblar la rodilla y renunciar a su integridad soberana y a las materias primas, o a enfrentarse a la quiebra.

Este banco internacional único fue creado para robar, despojar y despojar a todo país débil de sus recursos naturales. En eso consiste el FMI. El FMI es uno de los factores clave para que el Club de Roma pueda dominar a tantas naciones.

Ahora bien, no creo que tenga más conocimientos que estos senadores y congresistas de Washington y no gano nada comparable a sus sueldos, y sin embargo estos supuestos representantes de Nosotros el Pueblo apoyan la financiación inconstitucional del bandido Fondo Monetario Internacional, que acabará haciéndose cargo de las políticas crediticias y monetarias de los Estados Unidos, esclavizando al pueblo en un estado gubernamental mundial.

Nuestros representantes *-si es que alguna vez fueron nuestros representantes-* podrían poner orden y estabilidad en los Estados Unidos de un plumazo, si sólo tuviéramos un puñado de legisladores dispuestos a obedecer la Constitución. Podríamos comenzar una nueva industrialización de este país aboliendo la Junta de la Reserva Federal; decidiendo un sistema de distribución justo; e introduciendo la energía nuclear, no sólo en este país, sino en todos los países en desarrollo.

Creo que estaríamos entrando en un periodo de utopía para este mundo como nunca antes hemos visto. Esto, por supuesto, está en total contradicción con los planes del Club de Roma, no sólo para este país, sino también para el resto del mundo.

Hay varios aspectos interesantes en el trabajo del Club de Roma, uno de los cuales, como he mencionado antes, es el plan genocida Global 2000, que se basa en el informe del Comité de Crisis de Población del Fondo Draper, apoyado por el general Maxwell Taylor y otros militares.

Para aquellos que me han preguntado por ciertas personas en el ejército, les sugiero que les pregunten si apoyan las conclusiones del Comité de Crisis de la Población del Fondo Draper y el informe genocida Global 2000.

El general Taylor parte de la ridícula suposición que hacen todos los malthusianos, de que la riqueza proviene de los recursos naturales. El general Taylor sostiene que la población de los países en desarrollo consume demasiadas materias primas que la élite necesitará en los próximos siglos.

CAPÍTULO 15

INFORME GLOBAL 2000

Por lo tanto, el argumento es que debemos actuar ahora para mantener el consumo lo más bajo posible, restringiendo el acceso a la tecnología y manteniendo la escasez de alimentos.

Debemos estar dispuestos a dejar que los pueblos del tercer mundo se mueran de hambre, para que las materias primas de sus países no sean absorbidas por sus propios pueblos, sino que estén disponibles para los dirigentes del mundo.

Esta es la premisa subyacente del informe Global 2000 y del Comité de Crisis Demográfica del Fondo Draper del General Maxwell Taylor. No es de extrañar que Robert McNamara participara en esta línea de pensamiento.

Después de todo, estamos muy familiarizados con el papel desempeñado por McNamara en Vietnam y quizás menos con el papel desempeñado por el Club de Roma en la formulación de una política de genocidio, que fue llevada a cabo por el régimen de Pol Pot en Camboya.

Este complot se gestó y puso en marcha en Camboya como un experimento. Y no creas que lo mismo no podría ocurrir en Estados Unidos; puede y lo hará. Taylor y McNamara fueron grandes defensores del despliegue de la OTAN fuera de su teatro de operaciones (Europa), en violación de sus estatutos, que la obligaban a operar sólo en Europa.

En otras palabras, gracias a las tropas de la OTAN, los países recalcitrantes se verán obligados a pagar sus deudas usurarias al FMI, bajo amenaza de invasión. Esto es realmente el fondo, una amenaza para la conducta civilizada.

Están en juego nuestra civilización y nuestro patrimonio; transmitido por los solones de Atenas y las repúblicas de las ciudades-estado jónicas, podemos rastrear el impulso de gobernar, nuestros ideales cristianos, y dos de las características del cristianismo están en el centro de ese ideal.

Debemos gobernarnos de acuerdo con el libro del Génesis: "Sed fecundos y multiplicaos, llenad la tierra y sometedla". Podemos aumentar y mantener la vida humana y hacerla excelente y mucho mejor de lo que es ahora. No para los pocos que conocen las reglas esotéricas y las leyes secretas del cultismo y el ocultismo, sino para la mayoría, la inmensa mayoría que Cristo dijo que vino a liberar, y de nuevo, uso esto estrictamente en un contexto no religioso.

Debemos gobernarnos bajo la influencia de los principios cristianos, ejemplificados por Cristo, perfeccionando sus facultades racionales de la mente y expresando su fe en Dios, un Dios vivo, que siempre tratará la vida humana como algo sagrado.

No debemos permitir que estos artistas de la magia negra oculta nos hagan creer que la humanidad es una masa de personas. Esto es una mentira. La humanidad no es una masa; la idea misma de que cada uno de nosotros es un individuo se pone de manifiesto en el hecho de que tenemos huellas dactilares individuales.

No hay dos juegos de huellas dactilares en el mundo que sean idénticos. Por lo tanto, no somos una masa de personas, somos individuos. Debemos reunir la información tecnológica y hacer un buen uso de ella antes de que el Club de Roma nos reduzca a una tropa balbuceante de subhumanos fácilmente manejables, totalmente dependientes de ellos para las limosnas y para nuestra propia existencia, que promete ser muy escasa.

Cualquier líder de una nación que acepte el culto a la política maltusiana del Club de Roma, que simplemente significa que sólo unos pocos deben beneficiarse a expensas de la mayoría, se está condenando a sí mismo y a su pueblo a mil años de esclavitud.

Bajo las limitaciones maltusianas, ninguna nación puede desarrollarse o crecer, porque si lo hace, agotará los recursos naturales que, según el Club de Roma, pertenecen a una minoría, la clase dirigente. Una nación así está condenada a perecer porque las influencias malignas que siguen esa política no pueden sobrevivir a la luz del día.

Esto es lo que está detrás de las llamadas "condicionalidades" impuestas por el FMI a Brasil y México. En realidad, el FMI quiere que estos países sigan siendo pobres.

Como resultado, hace que las condiciones de los préstamos sean tan imposibles de cumplir que las naciones se agotan tratando de devolver los intereses. Así que se entregan en cuerpo y alma a los dictados y al control del FMI, que, como he dicho, es el brazo financiero del Club de Roma. No debemos quedarnos quietos y dejar que estas cosas sucedan.

El Club de Roma sabe muy bien, aunque nuestros ciudadanos no lo sepan, que todos los países industriales exitosos del siglo XIX, con la excepción de Gran Bretaña, fueron motivados por el sistema americano de economía política, y sin embargo ninguna universidad americana lo enseña hoy. Tienen miedo de enseñarlo.

Los socialistas, el profesor Laski de la Sociedad Fabiana, lo han prohibido. Pero lo vemos ante nuestros ojos: sólo en Japón se sigue aplicando con éxito el sistema americano. Esto explica la aparente superioridad de la economía japonesa sobre la estadounidense. Nos hemos visto obligados a abandonar nuestro propio sistema americano de economía política en favor de la idea de la Nobleza Negra de cómo deben funcionar las cosas, que es el socialismo mundial en acción.

Pero Japón ha rehuido. Los resultados de la economía japonesa son la prueba de que el sistema estadounidense funciona si se le da una oportunidad. Pero Estados Unidos tiene este cáncer en su sociedad llamado Club de Roma, que está bloqueando al gobierno, bloqueando nuestras legislaturas, bloqueando el progreso en la energía nuclear, destruyendo nuestras fábricas de acero, nuestra industria del automóvil y nuestra industria de la vivienda, mientras que los japoneses están avanzando. Por supuesto, a ellos también les espera un gran revés, y en cuanto el Club de Roma se sienta con fuerzas, dirigirá su atención a los japoneses, que correrán la misma suerte.

No debemos permitir que esto ocurra. Debemos luchar para que Estados Unidos siga siendo una nación civilizada e industrial. Debemos encontrar líderes que vuelvan a seguir las políticas de George Washington y, en lo que respecta a la economía política, destituir a los Keynes, Laski, Kissinger y la familia Bush que han llevado a este país al borde de la ruina.

La historia nos dice que el cristianismo surgió como una fuerza institucional en oposición a los poderes de la oscuridad. Cristo dijo: "He venido a daros luz y libertad".

Se dirigía a personas que, en aquella época, eran consideradas la escoria de la sociedad por la élite minoritaria farisaica.

CAPÍTULO 16

LA NOBLEZA NEGRA

El cristianismo produjo la forma de civilización más poderosa en el ámbito estatal y cultural, razón por la cual el Club de Roma se opone con tanta vehemencia a la doctrina cristiana. Por lo que sé, el último esfuerzo por crear un estado único de la cristiandad occidental fue derrotado alrededor de 1268 d.C. por los güelfos negros dirigidos por los venecianos, que vencieron a las fuerzas asociadas a Dante Alighieri, el gran poeta italiano.

En Europa se hicieron muchos intentos de crear un nuevo tipo de Estado. La república soberana del Estado-nación se basa en el uso compartido de una lengua común, que sustituye a los dialectos, que eran los predominantes en la época. La concepción de Dante era buena, y se mantuvo firme hasta su derrota, que, como sabemos, fue el resultado directo del aplastamiento de las fuerzas republicanas en Inglaterra por el establecimiento, en 1603, de la monarquía británica bajo el títere veneciano, Jacobo I^ero^.

Sabemos que, por ello, se hizo todo lo posible para aplastar esta nueva forma de republicanismo de Estado-nación. Esta guerra continúa hasta el día de hoy. La Guerra de la Independencia estadounidense nunca terminó. Ha sido una "batalla" continua desde 1776, y desde entonces Estados Unidos ha perdido dos grandes batallas:

En 1913 fuimos derrotados por dos actos del gobierno federal: la introducción de un impuesto progresivo sobre la renta -una doctrina marxista- y la creación de los Bancos de la Reserva Federal, un monopolio bancario privado.

Pero incluso antes de eso, se asestaron terribles golpes a la República Americana con la aprobación de la Ley de Reanudación de Especies en 1876-79, cuando Estados Unidos renunció a la soberanía sobre su moneda de crédito nacional y sus políticas de deuda y puso las políticas monetarias de la joven República a merced de los banqueros internacionales de la Bolsa de Oro de Londres. Posteriormente, el poder interno sobre nuestros asuntos monetarios quedó cada vez más a merced de los poderosos agentes de los banqueros británicos y suizos, a través de August Belmont, pariente de los Rothschild que lo enviaron a Estados Unidos para defender sus intereses, y de la dinastía J.P. Morgan.

Aunque el propio sistema de intercambio de oro de Londres se derrumbó en fases sucesivas entre la Primera y la Segunda Guerra Mundial, el Fondi veneciano anglosuizo, es decir, la gente con los fondos, estableció una virtual dictadura sobre los asuntos monetarios mundiales bajo el Acuerdo de Bretton-Woods, la estafa del siglo.

Estados Unidos tiene el poder de destruir todas estas cadenas que atan a su pueblo; puede, y podría, si tan sólo pudiéramos elegir legisladores que pusieran a su país por delante de sus intereses personales y se comprometieran a destruir esta monstruosidad del socialismo, que nos tiene cogidos por el cuello, y que ahora llamamos el Club de Roma.

Varias personas me han preguntado: "Si lo que dice es cierto, ¿por qué nuestras universidades y escuelas no enseñan el tipo de economía del que habla? "

Permítanme señalar que los largos siglos de dictadura de Londres y los banqueros suizos sobre el sistema monetario y los asuntos del mundo es la razón número uno absoluta por la que ningún departamento o escuela de economía de ninguna universidad estadounidense enseña economía correcta o defiende el sistema monetario del bimetalismo sobre el que se fundó nuestra República, los Estados Unidos de América, y que ha hecho de los Estados Unidos el país más rico y mejor gestionado del mundo.

Si se enseñara economía de verdad, el socialismo desaparecería. Los estudiantes verían exactamente lo que está mal en este país y empezarían a buscar dónde echar la culpa.

Mientras nosotros, como nación, permitamos la subversión ilegal de nuestra soberanía a través de decisiones políticas y económicas y nos subordinemos a instituciones monetarias supranacionales como el FMI y el Banco de Pagos Internacionales, mientras el Colegio de Abogados de Estados Unidos, "nuestros" abogados, "nuestro" gobierno, "nuestros" miembros del Congreso y "nuestra" economía privada sigan complaciendo a estas agencias monetarias subversivas, a estas instituciones financieras supranacionales, nuestro país estará condenado.

No deberíamos tener que complacer a una institución supranacional, ni jugar con las reglas que quiere dictarnos. Hace poco, vimos una vez más cómo el Congreso siguió adelante con el malvado plan de rescatar a ese despreciable instituto inspirado en Laski-Keynes y en el socialismo llamado Fondo Monetario Internacional.

Tenemos que enseñar a nuestros ciudadanos lo que ocurre exactamente con el FMI y el Club de Roma. La economía no es un tema tan complicado. Una vez que se entienden los principios, es bastante fácil de seguir. Permítanme darles algunos ejemplos de cómo nos hemos traicionado a nosotros mismos al permitir que los dictados de las organizaciones internacionales supranacionales socialistas se apoderen de nuestra nación como un cáncer.

Tomemos como ejemplo la inmediata posguerra de la Segunda Guerra Mundial: alrededor del 62% de nuestra mano de obra nacional estaba empleada en la producción de bienes materiales o en el transporte de esos bienes. Hoy en día, si utilizamos las estadísticas oficiales -que son muy poco fiables en el mejor de los casos-, menos del 30% de nuestra mano de obra está empleada a este nivel. El desempleo ronda el 20%. El cambio en la composición del empleo de la población activa nacional es la causa subyacente de la inflación. Este es el principal problema.

Si miramos la historia, en particular la década de 1870, vemos una disminución general del coste de producción de los bienes, un ciclo deflacionario en el avance de la producción de riqueza, causado principalmente por la influencia del sistema americano de economía política, que promueve el progreso tecnológico en forma de avance industrial y aumento de la productividad agrícola. Pero desde que el sistema de intercambio de oro de Londres tomó el control de los asuntos monetarios del mundo en manos de un puñado de personas en la década de 1880, se han sucedido rápidamente terribles depresiones, intercaladas con largas espirales inflacionistas.

Esto es un producto directo de las fuerzas maltusianas que controlan este mundo y que están asociadas a las doctrinas de John Stewart Mill, Harold Laski y John Maynard Keynes. Las políticas de la llamada economía de libre mercado no hacen más que aumentar la inversión especulativa en formas ficticias de capitalización de rentas y de usura por parte de los financieros rentistas a costa de la inversión en tecnología real y en la producción progresiva real de bienes tangibles.

Por eso les digo a todos mis amigos: "Aléjense de la bolsa". El mercado de valores es un espacio ficticio para la inversión especulativa, y no es un espacio donde el dinero se invierte en el progreso tecnológico para la producción de bienes tangibles de forma progresiva y ordenada.

Por lo tanto, el mercado de valores debe colapsar. No se puede sostener para siempre, ni se puede mantener para siempre. Es una burbuja de aire caliente, que un día se desinflará y cuando eso ocurra, muchos sufrirán las consecuencias.

El truco es conseguir que la gente escuche ahora, antes de que ocurra. Bajo el impulso del Club de Roma, el flujo de crédito se desplazó desde la producción de bienes y la producción agrícola hacia formas de inversión financiera no productoras de bienes. Por supuesto, esto creó enormes problemas para el país.

El cambio en la composición de los flujos financieros y de empleo ha sido la causa tanto de las grandes depresiones periódicas como de los movimientos inflacionistas a largo plazo incorporados a lo que hoy es nuestro sistema económico. No era mi intención convertir este artículo en una exposición de hechos económicos, pero a veces es necesario llamar la atención sobre estas cosas. Hay una fuerza maligna en Estados Unidos hoy en día, y se llama socialismo, en cuyo nombre actúa el Club de Roma.

Es una organización dedicada a la destrucción de los Estados Unidos de América, tal como la conocemos. Es una organización dedicada al advenimiento del Nuevo Orden Mundial en el que los llamados privilegiados, el Comité de los 300, gobernarán el mundo.

Nuestro destino estará seguramente sellado a menos que podamos reunir a hombres de buena voluntad y forzar un cambio en las políticas de nuestro gobierno. Esto sólo puede hacerse limpiando la casa, limpiando los establos de Augías y deshaciéndose de organizaciones secretas como el Club de Roma, para que ya no puedan dictar el curso de los acontecimientos y controlar el futuro de este gran país. Hasta que no hagamos esto, nos dirigimos a la esclavitud en un gobierno mundial - el Nuevo Orden Mundial.

Ya publicado

OMNIA VERITAS
OMNIA VERITAS LTD PRESENTA:
Más allá de la CONSPIRACIÓN
DESENMASCARANDO AL GOBIERNO MUNDIAL INVISIBLE
por John Coleman
Todos los grandes acontecimientos históricos son planeados en secreto por hombres que se rodean de total discreción
Los grupos altamente organizados siempre tienen ventaja sobre los ciudadanos

OMNIA VERITAS
OMNIA VERITAS LTD PRESENTA:
LA DIPLOMACIA DEL ENGAÑO
UN RELATO DE LA TRAICIÓN DE LOS GOBIERNOS DE INGLATERRA Y LOS ESTADOS UNIDOS
POR JOHN COLEMAN
La historia de la creación de las Naciones Unidas es un caso clásico de diplomacia del engaño

OMNIA VERITAS
OMNIA VERITAS LTD PRESENTA:
LA JERARQUÍA DE LOS CONSPIRADORES
HISTORIA DEL COMITÉ DE LOS 300
por John Coleman
Esta conspiración abierta contra Dios y el hombre incluye la esclavización de la mayoría de los humanos...

OMNIA VERITAS
OMNIA VERITAS LTD PRESENTA:
LA MASONERÍA
de la A a la Z
por John Coleman
En el siglo XXI, la masonería se ha convertido menos en una sociedad secreta que en una "sociedad de secretos".
Este libro explica qué es la masonería
JOHN COLEMAN
LA MASONERÍA
de la A a la Z

OMNIA VERITAS
OMNIA VERITAS LTD PRESENTA:
LA DINASTÍA ROTHSCHILD
por John Coleman
Los acontecimientos históricos suelen ser causados por una "mano oculta"...
JOHN COLEMAN
LA DINASTÍA ROTHSCHILD

OMNIA VERITAS
OMNIA VERITAS LTD PRESENTA:
EL INSTITUTO TAVISTOCK
de RELACIONES HUMANAS
La formación de la decadencia moral, espiritual, cultural, política y económica de los Estados Unidos de América
por John Coleman
Sin Tavistock no habrían existido la Primera y la Segunda Guerra Mundial
Los secretos del Tavistock Institute for Human Relations
JOHN COLEMAN
EL INSTITUTO TAVISTOCK de RELACIONES HUMANAS

OMNIA VERITAS
Omnia Veritas Ltd presenta:
KEVIN MACDONALD
LA CULTURA DE LA CRÍTICA
LOS JUDÍOS Y LA CRÍTICA RADICAL DE LA CULTURA GENTIL
Sus análisis revelan la influencia cultural preponderante de los judíos y su deseo de socavar las naciones en las que viven, para dominar mejor la sociedad diversa que propugnan sin dejar de ser ellos mismos un grupo etnocéntrico y homogéneo, hostil a los intereses de los pueblos blancos.
Un análisis evolutivo de la participación judía en los movimientos políticos e intelectuales del siglo XX

OMNIA VERITAS
Omnia Veritas Ltd presenta:
HERVÉ RYSSEN
EL FANATISMO JUDÍO
La resultante disolución de la identidad nacional los protege de un posible sobresalto nacionalista contra el poder que consiguieron, especialmente en las finanzas, en la política y en el sistema mediático.
El pueblo judío promueve un proyecto para toda la humanidad...

OMNIA VERITAS
Omnia Veritas Ltd presenta:
EUROPEA Y LA IDEA DE NACIÓN
seguido de
HISTORIA COMO SISTEMA
por
JOSÉ ORTEGA Y GASSET
Pero la nación europea llegó a ser "nación" porque añadiera formas de vida que pretenden representar una "manera de ser hombre"
Un programa de vida hacia el futuro

OMNIA VERITAS
Omnia Veritas Ltd presenta:
Historia
de los Bancos Centrales
y la esclavitud de la humanidad
de
Stephen Mitford Goodson
A lo largo de la historia, el papel de los prestamistas se ha considerado a menudo como la "mano oculta"...
El director de un banco central revela los secretos del poder monetario
Una obra clave para comprender el pasado, el presente y el futuro

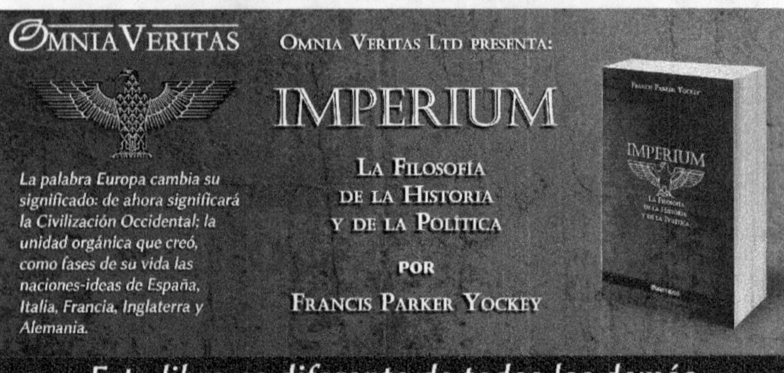
OMNIA VERITAS
Omnia Veritas Ltd presenta:
IMPERIUM
La Filosofía de la Historia y de la Política
por
Francis Parker Yockey
La palabra Europa cambia su significado: de ahora significará la Civilización Occidental: la unidad orgánica que creó, como fases de su vida las naciones-ideas de España, Italia, Francia, Inglaterra y Alemania.
Este libro es diferente de todos los demás

OMNIA VERITAS
Omnia Veritas Ltd presenta:
Vladimir Putin
y Eurasia
por Jean Parvulesco
El advenimiento providencial del "hombre predestinado", el "concepto absoluto" Vladimir Putin, encarnando la "Nueva Rusia"
Un libro singularmente peligroso, que no debe ponerse en todas las manos...

OMNIA VERITAS
Omnia Veritas Ltd presenta:
LA FINANZA, EL PODER
Y
EL ENIGMA CAPITALISTA
por
Joaquín Bochaca
"La gran paradoja de la actual crisis económica es que los hombres no pueden adquirir los bienes que efectivamente han producido..."
Joaquín Bochaca
LA FINANZA, EL PODER Y EL ENIGMA CAPITALISTA
Los beneficiarios de la demencial situación que padece el mundo

OMNIA VERITAS
Omnia Veritas Ltd presenta:
LA HISTORIA DE
LOS VENCIDOS
por
Joaquín Bochaca
"Este no es un libro en defensa de Alemania. Es un libro en defensa de la Verdad."
Joaquín Bochaca
LA HISTORIA DE LOS VENCIDOS
El suicidio de Occidente
En este libro se sostiene una opinión basada en el principio de causalidad

OMNIA VERITAS
Omnia Veritas Ltd presenta:
LOS CRÍMENES DE
LOS "BUENOS"
por
Joaquín Bochaca
"Pero yo creo, tozudamente, estúpidamente, en la Verdad. Quiero creer en la Verdad."
Joaquín Bochaca
LOS CRÍMENES DE LOS "BUENOS"
Vivimos en plena falsificación histórica

OMNIA VERITAS
www.omnia-veritas.com
INTEGRAL DE RENÉ GUÉNON 350€

OMNIA VERITAS
OMNIA VERITAS LTD PRESENTA:
HE AQUÍ UN CABALLO PÁLIDO
MILTON WILLIAM COOPER
Creo, pues, que se está jugando una gran partida de ajedrez a unos niveles que apenas podemos imaginar, y nosotros somos los peones.
Se nos han enseñado mentiras. La realidad no es en absoluto lo que percibimos.

OMNIA VERITAS
Omnia Veritas Ltd presenta:
ALBERT SLOSMAN
La trilogía de los orígenes
I
EL GRAN CATACLISMO
La historia de los antepasados de los primeros faraones...

OMNIA VERITAS
Omnia Veritas Ltd presenta:
ALBERT SLOSMAN
El libro del más allá de la Vida
La espiritualidad cuyo origen se pierde en la noche de los tiempos...

OMNIA VERITAS
Omnia Veritas Ltd presenta:
ALBERT SLOSMAN
El zodiaco de Dendera
La unión necesaria entre el cielo y la tierra...

OMNIA VERITAS
Omnia Veritas Ltd presenta:
ALBERT SLOSMAN
La astronomía según los Egipcios
Armonizar al Creador con sus criaturas y su creación...

OMNIA VERITAS
Omnia Veritas Ltd presenta:
ALBERT SLOSMAN
La extraordinaria vida de Pitágoras
Todos los ritos que le llevaron al conocimiento supremo...

OMNIA VERITAS
Omnia Veritas Ltd presenta:
ALBERT SLOSMAN
La Gran Hipótesis
Esbozo de una historia del monoteísmo desde los orígenes al fin del mundo
Un intento de evitar que las generaciones futuras renueven un gran cataclismo...

OMNIA VERITAS
Omnia Veritas Ltd presenta:
ALBERT SLOSMAN
LOS SUPERVIVIENTES DE LA ATLÁNTIDA
... ningún historiador ha investigado a los sobrevivientes de este Edén perdido...

OMNIA VERITAS
OMNIA VERITAS LTD PRESENTA:
JULIUS EVOLA
CABALGAR
EL TIGRE
«Lo que se va a leer afecta al hombre que no pertenece interiormente a este mundo, y se siente de una raza diferente a la de la mayor parte de los hombres.»
El lugar natural de un hombre así, es el mundo de la Tradición

OMNIA VERITAS
OMNIA VERITAS LTD PRESENTA:
JULIUS EVOLA
SÍNTESIS DE LA DOCTRINA DE LA RAZA
Y
ORIENTACIONES PARA UNA EDUCACIÓN RACIAL
«El racismo se empeña en individualizar al tipo humano predominante en una determinada comunidad nacional...»
El muy neto sentido de las diferencias, de su dignidad y de su fuerza

OMNIA VERITAS
OMNIA VERITAS LTD PRESENTA:
JULIUS EVOLA
ESCRITOS SOBRE EL JUDAÍSMO
«El antisemitismo es una temática que ha acompañado a casi todas las fases de la historia occidental...»
El problema judío tiene orígenes antiquísimos

OMNIA VERITAS
OMNIA VERITAS LTD PRESENTA:
JULIUS EVOLA
METAFÍSICA DE LA GUERRA
Y
LA DOCTRINA ARIA
DE LA LUCHA Y DE VICTORIA
«La guerra, estableciendo y realizando la relatividad de la vida humana...»
Un conocimiento transfigurante de la vida en función de la muerte

OMNIA VERITAS
OMNIA VERITAS LTD PRESENTA:
JULIUS EVOLA
METAFÍSICA DEL SEXO
«Todo lo que en la experiencia del sexo y del amor comporta un cambio de nivel de la conciencia ordinaria...»
La investigación de los principios y de las significaciones últimas...

OMNIA VERITAS
OMNIA VERITAS LTD PRESENTA:
JULIUS EVOLA
POLÉMICA SOBRE
LA METAFÍSICA HINDÚ
RENÉ GUÉNON
«No compartimos los puntos de vista de Guenon a propósito de las relaciones que existen entre la iniciación real y la sacerdotal...»
El conocimiento metafísico es esencialmente "supra-racional"

www.ingramcontent.com/pod-product-compliance
Lightning Source LLC
Chambersburg PA
CBHW072159270326
41930CB00011B/2490

* 9 7 8 1 9 1 5 2 7 8 7 1 5 *